NORMAN VINCENT PEALE

Nimm das Glück in deine Hand

Zehn Regeln für ein positives Leben

BASTEI
LÜBBE

BASTEI-LÜBBE-TASCHENBUCH
Band 66337

© 1996 by Oesch Verlag, Zürich
Lizenzausgabe im Gustav Lübbe Verlag GmbH, Bergisch Gladbach
Printed in Germany, Juni 1996
Einbandgestaltung: Manfred Peters
Satz: hanseatenSatz-bremen, Bremen
Druck und Bindung: Ebner Ulm
ISBN 3-404-66337-3

Inhaltsverzeichnis

Was ist das eigentlich?

Positives Denken ist eine Geisteshaltung, die uns zu einem besseren Leben verhelfen kann. Eine Einstellung, die es uns erlaubt, Dinge in Angriff zu nehmen, die wir uns »eigentlich nicht zutrauen«. In uns allen sind positive Denkansätze vorhanden, genauso wie in allen Menschen auch die destruktive Hoffnungslosigkeit verankert ist, die uns nur zu oft vorschnell resignieren läßt. Es liegt an uns, die eine Eigenschaft zu fördern und die andere zu kontrollieren.

Wenn wir uns selbst sagen, daß der eben erlebte Rückschlag, die erlittene Niederlage oder Blamage ein Ereignis war, aus dem wir lernen können, es das nächstemal besser zu machen (oder es zumindest zu versuchen!), dann handeln wir als Menschen, die sich auf die Zukunft ausrichten. Weitere Rückschläge vermögen unseren Mut nicht zu brechen, weil wir gelernt haben, vorwärts zu schauen, Selbstvertrauen zu entwickeln, unser Selbstwertgefühl zu achten und zu pflegen. Und wir werden uns auf jeden neuen Tag freuen, weil er Chancen birgt, die wir wahrnehmen wollen:

Wir denken positiv!

Anders die notorischen »Pechvögel«. Sie lassen sich von jeder Widrigkeit, von jedem beruflichen oder privaten Rückschlag aus der Bahn werfen. Sie denken:
»Warum geschieht dies alles immer nur mir? Das ist offenbar mein Schicksal!« Nur zu rasch gelangen wir bei solchen Denkmustern in ein Fahrwasser, das uns den Mut verlieren läßt.

Duckmäusertum, Rückzug ins »Schneckenhaus«, Verbitterung, vielleicht sogar der tiefe Fall in die Depression können die Folge sein, wenn wir nicht lernen, Niederlagen – um sie kommt kein Mensch herum – zu verkraften und aus ihnen das Beste zu machen. Fördern wir also energisch unsere Eigenschaft, Krisen zu meistern, packen wir unsere Möglichkeiten beim Schopf.

Positives Denken ist kein Allerweltsheilmittel. Wir werden nicht dadurch zu einem fröhlichen, zufriedenen und erfolgreichen Menschen, daß wir uns täglich vor den Spiegel stellen und zehnmal nacheinander sagen: »Es geht mir jeden Tag besser und besser«, wie uns heute viele selbsternannte »Lebenslehrer« eintrichtern wollen. So *einfach* ist positives Denken nicht! Positives Denken enthebt uns nicht davon, unseren Verstand zu gebrauchen. Wenn wir einfach in der Gewißheit losspurten, wir würden dies erreichen, jenen Menschen überzeugen und gewinnen, weil wir einfach positiv denken, werden wir oft genug kläglich scheitern und unsanft aus einem Traum erwachen.

Positives Denken ist eine Sache des Herzens *und* des Verstandes. Wir wollen lernen, beides zu gebrauchen. Und wir wollen lernen, aus uns selbst zu schöpfen, denn wir wissen selbst am besten, wo unsere Fähigkeiten und Talente, unsere Stärken und unsere Kraft verborgen liegen.

Wer aber könnte dazu als Lehrmeister besser geeignet sein als *Norman Vincent Peale*? Aus seinem reichen Werk finden Sie, liebe Leserin, lieber Leser, in diesem Buch zehn Kapitel, die Ihnen aufzeigen werden, wie Sie Ihr Leben verändern können. Die Essenz eines Lebens, das dem gewidmet war, was wir »positives Denken« nennen.

Norman Vincent Peale war ein fröhlicher und toleranter Mensch. Er bezog seine Kraft aus dem Glauben, und er machte daraus kein Hehl. Aber er achtete auch Menschen, die seinen Glauben nicht teilten. *»Sie können jederzeit in meinen Büchern das Wort ›Gott‹ ersetzen, durch das, was Ihnen lieb und teuer ist. Etwa durch die Worte ›Natur‹, ›Familie‹, ›Menschheit‹, das Ergebnis bleibt dasselbe!«* sagte er einmal.

In diesem Sinne sei Ihnen eine anregende und frohgemute Lektüre gewünscht. Sie kann Ihr Leben verändern. Verändern, *wenn Sie es wollen*.

1. Kapitel

Glaube an dich selbst

Glaube an dich selbst! Habe Vertrauen in deine Fähigkeiten! Ohne ein bescheidenes, aber vernünftiges Maß an Vertrauen in unsere eigene Kraft können wir weder erfolgreich noch glücklich werden. Selbstvertrauen bringt Erfolg. Jedes Gefühl der Minderwertigkeit vermindert die Kraft unserer Hoffnung und lähmt unsere Tatkraft; *Selbstvertrauen aber führt zur Selbstverwirklichung und zur erfolgreichen Vollendung unserer Aufgaben.* Angesichts der ungeheuren Bedeutung dieser Geisteshaltung wird sich dieses Buch eingehend damit befassen, dem Leser den Weg zum Selbstvertrauen zu zeigen, damit er lerne, seine inneren Kräfte voll zu entfalten.

Es ist erschreckend, feststellen zu müssen, wie viele Menschen an Minderwertigkeitsgefühlen leiden. Wenn die richtigen Schritte unternommen werden, können wir uns aber mit Sicherheit davon befreien und jenes schöpferische Vertrauen in uns entwickeln, das durchaus berechtigt und natürlich ist.

Als ich an einem Kongreß von Geschäftsleuten einen Vortrag hielt, wandte sich am Schluß des Abends ein Zuhörer mit der Bitte an mich: »Könnte ich Sie in einer Angelegenheit sprechen, die für mich von größter Bedeutung ist?«

Wir begaben uns in ein Zimmer hinter der Vortragsbühne und setzten uns.

»Ich wurde in diese Stadt gesandt, um das wichtigste Geschäft meines Lebens zum Abschluß zu bringen«, erklärte er. »Wenn ich Erfolg habe, bedeutet es für mich alles in der Welt, wenn nicht, bin ich erledigt.«

Ich warf ein, er möge sich doch ein wenig entspannen. Nichts sei dermaßen endgültig, wie er es darstelle. Würde er Erfolg haben, wäre dies sicher zu begrüßen. Wenn nicht, wäre morgen wieder ein Tag.

»Ich habe kein Selbstvertrauen mehr«, sagte er entmutigt, »ich glaube einfach nicht, daß es mir gelingen wird. Ich bin mutlos und fühle mich niedergedrückt – in Tat und Wahrheit bin ich bereits erledigt. Ich bin 40 Jahre alt, und während meines ganzen Lebens wurde ich von Minderwertigkeitsgefühlen gejagt und geplagt. Heute habe ich nun Ihren Vortrag über die Macht des positiven Denkens gehört, und ich frage: *Was* kann ich tun, um etwas mehr Vertrauen in mich selbst zu gewinnen?«

»Zwei Dinge müssen getan werden«, sagte ich, »zuerst muß abgeklärt werden, *woher* diese Minderwertigkeitsgefühle kommen. Das ruft nach einer Charakteranalyse und erfordert Zeit. Wir müssen die Krankheiten unseres Gemütes genauso sorgfältig behandeln wie diejenigen des Körpers. Das aber kann nicht blitzartig getan werden und jedenfalls nicht heute abend in einer kurzen Aussprache. Vielleicht ist sogar eine längere Behandlung nötig. Um Ihnen aber Ihr gegenwärtiges Problem meistern zu helfen, will ich Ihnen ein Mittel geben, das nicht versagen wird, wenn Sie gewillt sind, es wirklich anzuwenden. – Wenn Sie jetzt heimgehen, wiederholen Sie still für sich ein Wort, das ich Ihnen mitgeben werde. Wiederholen Sie es *mehrmals*, wenn Sie sich zu Bett gelegt haben und nach dem Erwachen, bevor Sie aufstehen. Tun Sie dies mit einem Gefühl der ruhigen Sicherheit und des Vertrauens, und Sie werden genügend Kraft erhalten, um Ihr Selbstvertrauen zurückzugewinnen. Später können wir uns eingehend mit einer Analyse Ihrer Probleme befassen. Was immer wir auch unternehmen werden, dieses Wort bildet einen wesentlichen Bestandteil unserer Behandlung: ›Ich vermag alles durch den, der mich stark macht, Christus.‹« (Philipper 4,13)

Das Wort war ihm fremd; ich schrieb es auf eine Karte und ließ es ihn dreimal laut vorlesen.

»Und jetzt folgen Sie meinem Rat, und ich weiß, daß sich die Dinge gut entwickeln werden.«

Er stand auf, verharrte einen Augenblick ruhig und sagte dann mit einer bemerkenswert sicheren Stimme: »Gut, Doktor, sehr gut.«

Ich blickte ihm nach, wie er seine Schultern straffte und in die Nacht hinausging. Seine äußere Haltung hatte sich verändert und zeigte mir, daß die Kräfte des Vertrauens bereits begonnen hatten, in ihm zu arbeiten.

Später erzählte er mir, dieses einzige Wort hätte in ihm wahre Wunder gewirkt. »Es schien mir unglaublich, daß ein einziges Bibelwort so viel für einen Menschen tun kann.«

Der gleiche Mann ließ nachher eine Analyse seiner Minderwertigkeitsgefühle machen. Sie wurden psychologisch behandelt und durch die Entfaltung des religiösen Vertrauens zum Verschwinden gebracht. Ihm wurde gelehrt, Vertrauen in sich selbst zu haben und ganz bestimmte Anweisungen, die im Verlaufe des Kapitels noch geschildert werden, zu befolgen. Schritt für Schritt errang er ein starkes und dauerhaftes Vertrauen in sich selbst, und er ist begeistert von der wunderbaren Tatsache, daß seither die Dinge sich nicht mehr *gegen ihn* entwickeln, sondern ihm vielfach direkt *entgegenkommen*. Seine Persönlichkeit hat ihren negativen Charakter verloren und wurde positiv; seine Unternehmungen gelingen ihm. Er verfügt heute über ein berechtigtes und überzeugtes Vertrauen in seine eigene Kraft.

Minderwertigkeitsgefühle haben die verschiedensten Ursachen. Oft sind Erlebnisse aus unserer Kindheit mitschuldig.

Einst fragte mich der Leiter eines großen Betriebes um Rat; er habe einen jungen Angestellten, den er gerne mit einer größeren Aufgabe betraut hätte. »Aber«, erklärte er mir, »man kann ihm keine wichtigen Informationen anvertrauen, sonst hätte ich ihn schon längst zum Direktionssekretär ernannt. Er verfügt über alle notwendigen Fähigkeiten, aber er spricht zuviel, und so plaudert er – ohne böse Absicht – wichtige private und geschäftliche Dinge aus.«

Durch die Analyse fand ich heraus, daß der junge Mann »zuviel sprach«, weil er an einem Minderwertigkeitskomplex litt. Um ihn auszugleichen, versuchte er, sich wichtig zu machen, indem er mit seinem Wissen glänzen wollte. Er mußte mit Männern zusammenarbeiten, die alle über eine sehr gute Schulbildung verfügten, zum Teil Akademiker waren und irgendeiner Studentenverbindung angehörten, während er selber als armer Junge aufgewachsen war, keine höhere Schule besuchen und daher keiner Verbindung angehören konnte. Dieser Umstand erzeugte in ihm ein Gefühl der Minderwertigkeit gegenüber seinen Mitarbeitern, sowohl in bezug auf seine Bildung als auch auf seine soziale Stellung. Um diesen Unterschied auszugleichen, trieb ihn sein Unterbewußtsein, das immer versucht, den Ausgleichsmechanismus in Bewegung zu setzen, dazu, irgend etwas zu unternehmen, um seinem Ich auf jene Höhe zu verhelfen, die es sich ersehnte.

Seine berufliche Aufgabe bestand hauptsächlich in der Begleitung seines Vorgesetzten zu wichtigen Industriekonferenzen, wo er mit erfahrenen und bekannten Persönlichkeiten zusammentraf und oft Gelegenheit hatte, auch ihre privaten Gespräche mit anzuhören. Dies verführte ihn dazu, oft sein »Privatwissen« bekanntzumachen, um damit die Beachtung und das Interesse seiner Zuhörer zu wecken. Dadurch gelang es ihm, sein Geltungsbedürfnis einigermaßen zu befriedigen. Als ich seinen Arbeitgeber über die *Hintergründe* dieser Schwatzhaftigkeit informierte, zeigte er viel Verständnis für den jungen Mann und bemühte sich, ihn auf die schönen Entwicklungsmöglichkeiten hinzuweisen, die ihm seine Arbeit bot. Er erklärte ihm auch, wie ihn seine unberechtigten Minderwertigkeitsgefühle dazu trieben, Geschäftsgeheimnisse auszuplaudern. Die daraus resultierende *Selbsterkenntnis*, zusammen mit der konsequenten Anwendung von Übungen zur Gewinnung des Selbstvertrauens, verwandelte den jungen Mann in einen wertvollen Mitarbeiter, der volles Vertrauen verdiente. Seine wahren Fähigkeiten waren befreit und konnten sich entfalten.

Ich will nun versuchen zu erklären, wie viele Kinder durch Beziehungspersonen einen Minderwertigkeitskomplex erhalten. Als kleiner Knabe war ich schrecklich mager. Ich verfügte zwar über sehr viel Energie, spielte in einem Sportklub und war trotz meiner Magerkeit zäh wie Leder. Trotzdem beschäftigte mich meine Magerkeit, denn es ging mir auf die Nerven, daß mich meine Kameraden mit entsprechenden Spitznamen bedachten. Ich wollte unbedingt kräftiger werden, und wenn man mich »Dicker« gerufen hätte, wäre dies das schönste Kompliment für mich gewesen. Ich tat alles, um fetter zu werden, nahm Lebertran, trank unzählige Flaschen Milch, aß Süßigkeiten und Schlagsahne, doch alles nützte nichts; ich war mager und blieb mager. Meine Magerkeit verursachte mir schlaflose Nächte, und ich versuchte weiterhin alles, um dicker zu werden, bis ich plötzlich – ich war 30 Jahre alt – so dick wurde, daß mir die Kleider zu platzen drohten. Bald war es so weit, daß ich mich meiner Beleibtheit schämte, und ich hatte alle Mühe, 20 Pfund abzunehmen, um wieder ein normales Gewicht zu erreichen.

Ich erzähle diese persönliche Erfahrung nur, weil sie vielleicht anderen helfen kann zu erkennen, *wie* solche Fehlentwicklungen zustande kommen. Ich bin der Sohn eines Pfarrers und wurde damals durch meine Kameraden ständig an diese Tatsache erinnert. Alle meine Mitschüler konnten tun und lassen, was sie wollten, wenn mir aber auch nur das Geringste passierte, hieß es sofort: »Aha, des Pfarrers Früchtchen!« Ich aber wollte gar nicht des Pfarrers Söhnchen sein, denn diese sollten sich ja bekanntlich immer wie Musterkinder aufführen. Viel eher wollte ich als ein hartgesottener Kerl gelten, und das ist auch der Grund, warum Pfarrerssöhne oft als »ein bißchen schwierig« gelten. Sie wehren sich gegen die Rolle, die man ihnen aufzwingt.

Obwohl ich aus einer Familie stamme, in der praktisch jedes Mitglied im öffentlichen Leben stand, war dies gerade das letzte, was ich mir wünschte. Man zwang mich, in der Öffentlichkeit das Wort zu ergreifen, etwas, das mich mit Angst und Schrecken erfüllte. Das war vor vielen Jahren, aber ein Schatten davon fällt heute noch jedesmal auf mich, wenn ich eine Rednertribüne betrete. Ich mußte alle bekannten guten Ratschläge anwenden, um mein natürliches, gottgegebenes Selbstvertrauen zu erhalten.

Die Lösung des Problems fand ich in den einfachen Wahrheiten und Grundsätzen der Bibel. Diese Lehren sind frei von Irrtümern; durch sie kann *jedermann* von der Qual der Minderwertigkeitsgefühle befreit und geheilt werden. Ihre Anwendung erlaubt uns, verborgene Kräfte zu finden und zur Entfaltung zu bringen.

Unsere Minderwertigkeitsgefühle können aus verschiedenen Quellen stammen: es kann sich um irgendeine Vergewaltigung unseres Gemütes handeln, die uns in der Kindheit angetan wurde; vielfach sind es auch die logischen Konsequenzen gewisser Lebensumstände oder eines Schuldbewußtseins. Die Krankheit der Minderwertigkeitsgefühle liegt meist verborgen im Nebel der Vergangenheit und in den geheimsten Falten unserer Persönlichkeit.

Vielleicht hatten wir einen älteren Bruder, der ein glänzender Schüler war. Er hatte überall Note 1, während wir uns mit einer 2 oder 3 begnügen mußten. Langsam begannen wir zu glauben, wir könnten nie Ebenbürtiges leisten. Er brachte seine Einsen nach Hause und wir unsere Zweien und Dreien, und mit der Zeit glaubten wir, so werde es das ganze Leben lang bleiben. Wir vergaßen, daß sehr oft gerade schlechte Schüler im späteren praktischen Leben großen Erfolg haben. Die Tatsache eines guten Zeugnisses ist noch lange keine Gewähr für spätere große Leistungen. Vielleicht hören die Einsen mit der Erreichung des Abiturs plötzlich auf, und ein Kamerad, der stets an zweiter, dritter oder vierter Stelle lag, rückt auf und erringt *die Einsen des Lebens*!

Viele ähnliche Erlebnisse haben mir die Einsicht und die Erkenntnis gebracht, daß wir alle Minderwertigkeitsgefühle überwinden, wenn wir uns gläubig Gott anvertrauen. Er wird unser Selbst mit Vertrauen erfüllen, mit einem echten, demütigen und realistischen Selbstvertrauen.

Dieses Vertrauen erreichen wir durch gläubiges Gebet und die praktische Anwendung der biblischen Grundwahrheiten. In einem der nächsten Kapitel werde ich mich mit der Art des Gebets auseinandersetzen, möchte aber bereits an dieser Stelle ausdrücklich darauf hinweisen, daß *es eine ganz besondere Form von Gebet* ist, die unsere Minderwertigkeitsgefühle vertreibt und unser Selbstvertrauen stärkt. Oberflächliches und gedankenloses Beten genügt nicht.

Eine prachtvolle Schwarze, die bei einer mir bekannten Familie als Köchin amtet, wurde gefragt, woher sie ihre stets gute Laune nehme und wie sie ihre Sorgen meistere. Sie sagte, gewöhnliche Probleme könnten mit den üblichen Gebeten überwunden werden, doch »wenn ganz große Sorgen kommen, muß man auch ganz groß und tief beten«.

Einer meiner Freunde, der zu den besten Seelsorgern zählt, die ich kenne, sagt: »Den meisten Gebeten fehlen die wirkliche Tiefe und Überzeugung. Wir müssen lernen, tief und gläubig zu beten. Gott wiegt unsere Gebete nach ihrer Tiefe.« Ohne Zweifel hat mein Freund recht, sagt doch auch die Schrift: »Euch geschehe nach eurem Glauben.« (Matthäus 9,29) Je größer unsere Sorgen, um so tiefer müssen unsere Gebete, um so stärker muß unser Glaube sein.

Der bekannte Sänger Roland Hayes machte mich mit seinem Großvater bekannt, dessen Ausbildung bei weitem nicht diejenige seines Enkels erreichte, dessen natürliches Wissen aber unverdorben und gesund ist. Er sagte: »Was den meisten Gebeten fehlt, ist ihre Durchschlagskraft.«

Unsere Gebete müssen unsere Zweifel, Ängste und Schwächen tief durchdringen und sie auflösen wie die strahlende Sonne den feuchten Nebel.

Die Fähigkeit, Selbstvertrauen zu gewinnen und es im Leben machtvoll einzusetzen, ist ein besonderes Wissen und muß, wie jedes Wissen, mit Kopf und Herz erfaßt und praktisch angewandt werden, wenn unser Bemühen von Erfolg gekrönt sein soll.

Am Ende dieses Kapitels werde ich zehn Grundsätze aufstellen, die unsere Minderwertigkeitsgefühle und Schwächen überwinden helfen und uns Selbstvertrauen schenken. Wenn Sie diese Grundregeln beharrlich und mit gläubiger Entschlossenheit anwenden, werden Sie damit jedes Gefühl der Minderwertigkeit überwinden können, wie tief es auch immer verankert ist.

An dieser Stelle möchte ich betonen, daß es von größter Wichtigkeit ist, unserem Geist immer und immer wieder Gedanken des Vertrauens und der Zuversicht zukommen zu lassen. Wenn wir von Minderwertigkeitsgefühlen und Unsicherheit geplagt werden, so darum, weil diese Ideen unseren Geist seit langer Zeit beherrschen. Andere und positive Ideen müssen unser Denken durchdringen, das aber erreichen wir nur durch die beharrliche Wiederholung positiver Gedanken. In unserer schnellebigen Zeit und im täglichen Existenzkampf kann unser Geist nur durch eine aktive Gedankenkontrolle gesund erhalten und zu jener unerschöpflichen Kraftquelle werden, die er sein muß und sein kann. Es ist durchaus möglich, mitten in unserer Tagesarbeit positive Gedanken in unser Bewußtsein zu senden. Das bewies mir einer meiner Bekannten, der mich an einem eisigkalten Wintermorgen mit seinem Wagen abholte, um mich in eine andere Stadt zu fahren, wo ich einen Vortrag halten sollte. Auf der Landstraße, die ziemlich glitschig war, schlug er ein Tempo an, das mir nicht sehr vernünftig erschien, und ich bemerkte, wir hätten genügend Zeit, und er möge ruhig etwas langsamer fahren. »Machen Sie sich über meine Fahrweise keine Sorgen«, sagte er, »ich hatte eine Zeit, da ich mit allerlei Unsicherheitsgefühlen erfüllt war, doch das habe ich überwunden. Ich hatte Angst vor allem und jedem: vor jeder Autofahrt und vor jeder Flugreise, und wenn jemand von meiner Familie auf eine Reise ging, hatte ich Angst, er würde nicht mehr zurückkehren. Stets wurde ich vom Gefühl geplagt, irgend etwas könnte passieren, und mein Dasein war eine wahre Qual. Dieser Geisteszustand spiegelte sich auch in meinem Beruf wider und es ging mir nicht gerade gut. Glücklicherweise kam ich auf eine Idee, die sich wunderbar bewährte, die mir half, alle diese Gefühle der Schwäche und Unsicherheit aus meinem Denken zu verbannen, und die mich mit Vertrauen erfüllte, nicht bloß mich persönlich, sondern *mein ganzes Dasein*.«

Und hier seine »Idee«: Er zeigte mir an seinem Instrumentenbrett zwei Clips, nahm aus einem Fach eine Anzahl Karten, wählte eine davon aus und steckte sie in die Clips. Ich las: »So ihr Glauben habt ... wird euch nichts unmöglich sein.« (Matthäus 17,20) Mein Bekannter entfernte diese Karte wieder, und indem er mit einer Hand weitersteuerte, befestigte er mit der andern eine neue Karte. Sie lautete: »Ist Gott für uns, wer mag wider uns sein?« (Römer 8,31)

»Ich bin ein reisender Kaufmann«, erklärte er, »und ich bin den ganzen Tag bei meinen Kunden unterwegs. Ich fand heraus, daß man beim Autofahren allerlei Gedanken nachgeht. Wenn die Gedanken negativ sind, wird man im Laufe eines Tages viel Schaden nehmen. Und so erging es mir: Während ich von Kunde zu Kunde fuhr, hing ich meist negativen und mutlosen Gedanken nach, und das war der Hauptgrund, warum meine Tätigkeit immer weniger Erfolg hatte. Seit ich aber mit Hilfe dieser Karten Gedanken des Vertrauens in mich aufnehme, habe ich gelernt, anders und positiv zu denken. Anstelle der alten, negativen Gedankenwelt ist eine neue, bejahende und vertrauende getreten. Mein Geist ist erfüllt von Ideen des Mutes und des Selbstvertrauens.

Dieses kleine Hilfsmittel hat tatsächlich mein Leben verändert, und es hat mir auch in meiner beruflichen Tätigkeit Erfolg gebracht. Wie soll ein Vertreter Erfolg haben, wenn er das Haus eines Kunden schon mit Gedanken des Mißerfolgs und der Mutlosigkeit betritt?«

Diese Methode meines Bekannten ist außerordentlich wirkungsvoll. Indem er seine Gedankenwelt mit der Gegenwart und Hilfe Gottes erfüllte, gelang es ihm, sein ganzes Denken *positiv zu* beeinflussen. Er überwand die lange Periode der Unfruchtbarkeit und der Schwäche, und seine wahren Lebenskräfte wurden frei.

Gefühle der Sicherheit oder Unsicherheit hängen von unserer Denkweise ab. Wenn wir unsere Gedanken ständig auf die Erwartung düsterer und gefährlicher Dinge konzentrieren, werden wir uns auch fortwährend unsicher fühlen. Und was noch viel gefährlicher ist: Durch die Macht unserer Gedanken erzeugen wir einen dauernden Zustand der Angst und direkt die Voraussetzung für ungünstige Entwicklungen. Mein Bekannter aber erzeugte schöpferische, bejahende Gedanken, indem er die Karten an seinem Instrumentenbrett befestigte und jene Gedanken machtvoll auf sich wirken ließ.

Mangelndes Selbstvertrauen ist eines der großen Probleme unserer Zeit. An einer Universität wurden an 600 Studenten psychologische Studien angestellt. Sie wurden aufgefordert, ihr schwierigstes persönliches Problem zu bezeichnen. *75 Prozent nannten mangelndes Selbstvertrauen als ihr Hauptproblem.* Man darf ruhig annehmen, daß der gleiche hohe Prozentsatz ganz allgemein Gültigkeit hat. Überall trifft man ängstliche Menschen, die an einer wahren Lebensscheu leiden und die voller Zweifel in ihre eigenen Fähigkeiten sind. Sie haben Angst, der Wirklichkeit mutig ins Auge zu schauen und Verantwortung zu übernehmen. Ständig werden sie geplagt von einer unbestimmten Angst, irgend etwas könnte schiefgehen. Sie wollen nicht glauben, daß sie alles in sich haben, was nötig ist, um das zu werden, was sie sich wünschen, und so versuchen sie sich mit Dingen zu begnügen, die ihrer nicht würdig sind. Tausende und Abertausende kriechen so auf Händen und Knien durch ihr Leben, entmutigt und verängstigt, und in den allermeisten Fällen ist eine solche Kraftverschwendung vollkommen unnötig.

Schicksalsschläge, die Anhäufung von Schwierigkeiten und Sorgen haben die Tendenz, unsere Lebenskraft anzugreifen und uns zu entmutigen. In einer solchen Situation erscheint unsere wahre Widerstandskraft in einem ganz falschen Lichte; sie scheint uns viel geringer, als sie in Wirklichkeit ist. Es ist dann lebenswichtig, das Vertrauen in unsere wahre, tatsächliche Stärke wiederzugewinnen. Gelingt es uns, einige vernünftige Überlegungen anzustellen, so werden wir bald erkennen, daß wir viel weniger Grund haben, uns geschlagen zu geben, als wir glauben.

Ein 52jähriger Mann, der in großer Sorge war, besuchte mich, um mir seinen Zustand vollkommener Hoffnungslosigkeit zu schildern. Er sagte, er sei »vollkommen erledigt«, und erklärte mir, alles, was er in seinem Leben aufgebaut habe, sei verloren.

»Alles?« fragte ich.

»Alles!« wiederholte er. »Nichts ist mir geblieben. Es ist hoffnungslos, und ich bin zu alt, um noch einmal von vorne anzufangen. Ich habe nicht mehr das geringste Selbstvertrauen.«

Er erweckte meine aufrichtige Teilnahme, aber es war ganz offenkundig, daß tiefe Schatten der Hoffnungslosigkeit seinen Geist und seinen klaren Blick verdüsterten. Seine wahren Kräfte hatten sich vor dem Ansturm pessimistischer Gedanken zurückgezogen und ihn ohne Abwehrkräfte gelassen. Das war sein wichtigstes Problem.

»Gut«, sagte ich, »wir wollen ein Stück Papier nehmen und alle Werte, die Ihnen noch verblieben sind, aufschreiben.«

»Das ist sinnlos«, sagte er, »ich glaube, Ihnen bereits deutlich gesagt zu haben, daß ich überhaupt nichts mehr habe.«

Ich sagte: »Wir wollen es trotzdem versuchen. Hält Ihre Frau immer noch zu Ihnen?«

»Wieso? Ja, natürlich – und sie hält sich prachtvoll. Wir sind nun dreißig Jahre verheiratet, und sie würde mich nie im Stich lassen, was immer auch geschieht.«

»Gut«, sagte ich, »dann wollen wir dies festhalten: Ihre Frau hält zu Ihnen, was immer auch geschehen könnte. Und wie steht es mit Ihren Kindern? Haben Sie welche?«

»Ja«, antwortete er, »drei, und ich habe keinen Grund, mich über sie zu beklagen. Es war rührend, wie sie zu mir kamen und erklärten: Wir haben dich gern, und wir werden zu dir halten.«

»Das wäre Nummer zwei«, sagte ich, »drei Kinder, die Sie lieben und zu Ihnen stehen. Haben Sie Freunde?«

»Ja«, sagte er, »ich habe einige wirklich gute Freunde. Sie suchten mich sogar auf und boten mir ihre Hilfe an. Aber was können sie schon tun? Nichts!«

»Das wäre Nummer drei: Sie haben gute Freunde, die Sie achten und die Ihnen gerne helfen würden. Und wie steht es mit Ihrem Ruf? Haben Sie irgend etwas Schlechtes getan?«

»Mein Ruf ist in Ordnung. Ich habe immer versucht, anständig zu leben, und mein Gewissen ist sauber.«

»Wir wollen das als Nummer vier festhalten: Ihr Ruf ist in Ordnung. Und Ihre Gesundheit?«

»Ebenfalls. Ich war glücklicherweise sehr wenig krank und glaube, noch über gute physische Reserven zu verfügen.«

»So wollen wir ›gute Gesundheit‹ als Nummer fünf notieren. Und was halten Sie von unserem Land? Sind Sie nicht auch der Ansicht, daß unser Geschäftsleben floriert und noch immer eine Fülle von Möglichkeiten bietet?«

»Gewiß«, sagte er.

»Das wäre Nummer sechs: Sie leben in einem Land, das viele Möglichkeiten bietet.« Dann fragte ich: »Wie steht es mit Ihrer religiösen Überzeugung? Glauben Sie, daß Gott Ihnen helfen kann?«

»Ja«, sagte er, »das alles hätte ich ohne Gottes Hilfe nie überstanden.«

»Nun«, sagte ich, »unsere Liste lautet wie folgt:

1. Eine prachtvolle Frau, mit der Sie seit 30 Jahren verheiratet sind.
2. Drei liebende Kinder, die zu Ihnen stehen.
3. Freunde, die Sie achten und die Ihnen helfen wollen.
4. Guter Ruf. Gutes Gewissen.
5. Gute Gesundheit.
6. Sie leben in einem Land, das Sie schätzen.
7. Sie haben religiöses Vertrauen.«

Ich schob das Blatt über den Tisch hin. »Sehen Sie sich das an. Ich glaube, Sie haben immer noch einige Trümpfe – und Sie behaupten, Sie hätten *alles* verloren!?«

Er lächelte beschämt und sagte: »Daran habe ich allerdings nicht gedacht«, und nachdenklich fügte er hinzu: »Vielleicht steht alles gar nicht so schlimm, wie ich dachte. Wenn ich nur etwas Selbstvertrauen gewinnen könnte, dann könnte ich es vielleicht noch einmal versuchen.«

Er gewann es, und er fing noch einmal von vorne an – doch erst, nachdem er seine Denkweise geändert hatte. Vertrauen ersetzte seine Zweifel, und er gewann genügend Kraft, um mit allen seinen Schwierigkeiten fertig zu werden.

Dieses Erlebnis bestätigt eine fundamentale Wahrheit, die auch in einer Feststellung des berühmten Psychiaters Dr. Karl Menninger zum Ausdruck kommt.

Er sagte: *»Einstellungen sind wichtiger als Tatsachen.«* Dieser Grundsatz ist so wichtig, daß es sich lohnt, ihn so lange zu wiederholen, bis er uns in Fleisch und Blut übergegangen ist. Keine Tatsache, die sich uns entgegenstellt, ist je so wichtig wie die Einstellung, die wir zu ihr haben. Eine Tatsache kann uns einschüchtern, ja sogar niederwerfen, bevor wir überhaupt etwas gegen sie unternommen haben – allein aufgrund unserer geistigen Einstellung. Andererseits können vertrauende, optimistische Gedanken jede Schwierigkeit vermindern und überwinden.

Ich kenne einen Mann, der für sein Unternehmen von allergrößter Bedeutung ist, keineswegs aber seiner besonderen Fähigkeiten halber, sondern allein seiner unerschütterlichen Geisteshaltung wegen. Wenn seine Teilhaber irgendeinem Problem pessimistisch gegenüberstehen, wendet er seine (wie er sagt) »Staubsaugermethode« an. Durch eine Reihe von präzisen Fragen »saugt er den Staub« aus der Gedankenwelt seiner Mitarbeiter, das heißt, er »liquidiert« Schritt für Schritt ihre negativen Ideen. Sodann bringt er systematisch alle positiven Gesichtspunkte des Problems zur Sprache, bis seine Teilhaber die ganze Frage in einem andern Lichte sehen und eine neue, bejahende Einstellung zu den Tatsachen gewonnen haben. Ein solches Vorgehen tut auch der Objektivität der Betrachtungsweise keinen Abbruch, denn aufgrund unseres Mangels an Vertrauen und unserer Schwächen sind wir stets geneigt, die Tatsachen in einem schiefen Licht zu sehen. *Das Geheimnis liegt einfach darin, eine normale, gesunde Einstellung zu gewinnen – und diese ist stets auf der positiven Seite einer Angelegenheit zu finden.*

Wenn Sie also wieder einmal glauben, Grund zur Niedergeschlagenheit zu haben, und wenn Sie Ihr Selbstvertrauen verloren haben, dann nehmen Sie ein Stück Papier, und notieren Sie nicht die Dinge, die gegen Sie sprechen, sondern jene, die auf Ihrer Seite stehen. Wenn wir ständig an die Tatsachen denken, die *gegen* uns sind, gestatten wir ihnen, in unserem Leben einen Platz einzunehmen, der ihnen gar nicht zukommt. Die negativen Gesichtspunkte werden dann eine Macht über uns gewinnen, die sie in Tat und Wahrheit gar nicht besitzen. Wenn wir aber im Gegenteil unsere Fähigkeiten, unser Selbstvertrauen, unseren Mut und alles, was *für* uns spricht, in uns wachhalten, es immer und immer wiederholen und unsere Geisteswelt damit anfüllen, dann werden wir aus allen Schwierigkeiten siegreich hervorgehen, unsere inneren Kräfte werden sich sammeln und verstärken, und mit der Hilfe Gottes wird es uns sogar gelingen, eine Niederlage in einen Sieg umzuwandeln.

Eine der machtvollsten geistigen Konzeptionen, die uns helfen können, verlorenes Selbstvertrauen zurückzugewinnen, ist der Gedanke, daß Gott stets mit uns ist und uns beisteht. Dies ist eine der einfachsten und fundamentalsten religiösen Wahrheiten: Der allmächtige Gott ist stets an unserer Seite und verläßt uns nicht. Kein anderer Gedanke kann so große positive Wirkungen hervorbringen, wenn er im täglichen Leben getreulich angewandt wird. Wir sollten jeden Tag mehrmals daran denken, daß Gott mit uns ist und uns führt. Die Gegenwart Gottes in unserem Dasein muß zur gläubigen Tatsache, zur wissenden Überzeugung werden. Wir müssen uns immer wieder dieser

Tatsache *bewußt sein,* sie uns *vorstellen* und sie *erleben,* dann wird sie zu einer *lebendigen Wahrheit* bei allem unserem Tun und wird Kräfte entwickeln, die ans Wunderbare grenzen. Emerson hat eine Wahrheit von größter Bedeutung ausgesprochen, als er sagte: »Derjenige gewinnt, der an den Sieg glaubt.« Und er fügte bei: »Tue das, wovor du dich fürchtest, und das Ende deiner Angst ist gewiß.« Wenn wir unsere Gedanken unablässig in den Bahnen des Vertrauens und des Glaubens halten, werden unsere Sorgen, Ängste und Schwächen bald keine Macht mehr über uns haben.

Als Stonewall Jackson einst vor einer großen Schlacht stand, machte einer seiner Generäle ängstliche Einwendungen, wie: »Ich befürchte, daß . . .« oder: »Ich habe Angst, daß . . .« Indem Jackson seine Hand auf die Schulter seines Untergebenen legte, sagte er: »General, lassen Sie sich nie durch Ihre Befürchtungen Ratschläge erteilen.«

Das Geheimnis liegt darin, daß wir unseren Geist mit Gedanken des Vertrauens und des Glaubens und der Sicherheit erfüllen. Dadurch werden alle Zweifel aus unserem Denken vertrieben.

Einem Mann, der lange Zeit von seinen Minderwertigkeitsgefühlen und Schwächen geplagt worden war, riet ich, jeden Tag in der Bibel zu lesen und alle Stellen rot zu unterstreichen, die Mut und Zuversicht aussprechen. Er bemühte sich auch, diese Stellen seinem Gedächtnis einzuprägen, wodurch er seinen Geist mit den gesündesten, beglückendsten und wirkungsvollsten Gedanken der Welt erfüllte. Diese Gedanken von dynamischer Kraft veränderten ihn von einem hoffnungslos deprimierten Menschen zu einer Persönlichkeit von bezwingender Kraft. Schon nach einigen Wochen zeigte sich in seinem Wesen eine bemerkenswerte Veränderung. Heute strahlt er Mut und Vertrauen aus. Er hat sein Selbstvertrauen durch eine grundlegende Änderung seiner Denkgewohnheiten wiedergewonnen.

Deshalb: Was *können wir tun, um sofort mit dem Wiederaufbau unseres Selbstvertrauens zu beginnen?*

Die folgenden zehn Grundsätze sind einfache, aber höchst wirkungsvolle Regeln, um unsere Minderwertigkeitsgefühle zu überwinden und Vertrauen zu gewinnen. Wenn Sie diese Regeln befolgen, werden Sie bald wieder Vertrauen in die eigenen Fähigkeiten erringen und von neuer Kraft und frischem Lebensmut erfüllt werden.

1. Präge ein geistiges Bild deiner voll entwickelten Persönlichkeit! Halte dieses Bild in deiner Vorstellung beharrlich wach. Verliere es nie wieder! Dein Geist wird danach trachten, dieses Bild zu verwirklichen. Gestatte deinen Gedanken nicht, sich Mißerfolg auszumalen, sondern glaube an die Realität deiner Gedankenkräfte. Denke daran, daß unser Geist stets zu verwirklichen sucht, was wir uns vorstellen. Es ist gefährlich, Gedanken der Hoffnungslosigkeit und des Mißerfolges nachzuhängen.

2. Wenn ein negativer, hoffnungsloser Gedanke in bezug auf dich selbst und deine Möglichkeiten auftaucht, ersetze ihn durch einen positiven, vertrauenden Gedanken.

3. Baue keine Hindernisse auf in deiner Vorstellungswelt. Schwierigkeiten müssen geprüft werden, und wir müssen uns mit ihnen auseinandersetzen, aber sie sollen nicht mehr Gewicht erhalten, als sie tatsächlich haben. Sie dürfen durch unsere Vorstellung nicht aufgeblasen werden.

4. Erstarre nicht in Ehrfurcht vor anderen Menschen, und versuche nie, andere zu kopieren. Niemand kann dir deine Persönlichkeit so vollkommen schenken wie du selbst. Denke immer daran, daß die meisten Menschen, auch wenn sie noch so sicher auftreten, oft genauso unter Zweifel und Niedergeschlagenheit leiden wie du selbst.

5. Wiederhole zehnmal am Tag die kraftvollen Worte: »Ist Gott für uns, wer mag wider uns sein?« (Römer 8,31) – Unterbrich gleich hier die Lektüre, und wiederhole diese Worte langsam und vertrauensvoll.

6. Trachte danach, einen kompetenten Ratgeber zu finden, der dir helfen kann, deine Probleme zu verstehen und dir zu sagen, warum du so oder anders handelst. Versuche die Herkunft deiner negativen Gedanken und Selbstzweifel zu ergründen; sie ist meist in der Kindheit zu finden. Selbsterkenntnis führt zur Heilung.

7. Wiederhole jeden Tag zehnmal und wenn möglich laut die folgende Versicherung: »Ich vermag alles durch den, der mich stark macht, Christus.« (Philipper 4,13) Wiederhole dieses Wort gleich *jetzt*. Es ent-

hält die machtvollste Kraft, die wir auf Erden allen Gefühlen der Schwäche entgegensetzen können.

8. Mache dir eine objektive und wahre Vorstellung deiner wirklichen Fähigkeiten. Dann versuche sie zu steigern. Sei kein eitler Egoist, aber entwickle ein gesundes Maß von Selbstachtung. Glaube an deine eigenen, gottgegebenen Kräfte.

9. Vertraue auf Gott! Sage dir einfach: »Ich bin in Gottes Hand und *glaube*, daß ich *jetzt* alle Kräfte erhalten werde, die mir not tun.« Stelle dir vor, wie diese göttlichen Kräfte in dich hineinströmen. Versichere dir, daß »das Reich Gottes inwendig ist in dir« (Lukas 17,21) in Form von Kräften, die den Anforderungen des Lebens gerecht werden.

10. Erinnere dich stets daran, daß Gott an deiner Seite ist und daß nichts in der Welt dich niederdrücken kann. Glaube, daß du *jetzt* und zu jeder Stunde Kraft von ihm empfangen wirst.

2. Kapitel

Begeisterung kann Wunder wirken

»Wenn wir Pessimismus und Trübsinn abstreifen und uns statt dessen in Optimismus und Begeisterung üben, werden sich erstaunliche Ergebnisse in unserem Leben einstellen. Selbst wenn unsere Fähigkeiten, Ausbildung und Erfahrung geringer sein sollten als die von anderen, können wir so gut wie jeden Mangel durch dynamische Begeisterung wettmachen.«

Sind Sie fähig zu Begeisterung? Erwarten Sie ungeduldig jeden neuen Tag? Erfüllt Sie das Leben mit freudiger Erregung? Wenn nicht, dann sorgen Sie um jeden Preis dafür, echte Begeisterung in Ihr Leben zu bringen, denn Begeisterung kann Wunder wirken.

Meine Mutter war einer der begeisterungsfähigsten Menschen, die ich je erlebt habe. Sie war bis zu den Fingerspitzen voll von Leben, obwohl sie sich einen großen Teil ihres Daseins gegen physische Behinderungen zur Wehr setzen mußte. Aus den gewöhnlichsten Ereignissen und Begebenheiten zog sie ungeheuren Gewinn. Sie besaß die Fähigkeit, Romantik und Erregendes in allem zu sehen und zu genießen.

Sie bereiste die gesamte Welt. Als sie sich vor Jahren während einer Revolution in China befand, beschwerte sie sich darüber, daß sie nur so wenig Banditen begegnet sei. Als einmal ihre Gesellschaft von wüst aussehenden Banditen angehalten wurde, schien sie tatsächlich enttäuscht, weil niemand sie und ihre Begleiter entführte und damit irgendeinen aufregenden internationalen Zwischenfall auslöste.

Ein Erlebnis mit ihr in einer sehr nebligen Nacht während der Überfahrt auf der Fähre von New Jersey nach New York hat sich meinem Gedächtnis eingeprägt. Für mich bot der Nebel nichts besonders Schönes oder Interessantes, aber meine Mutter rief aufgeregt: »Norman, ist das nicht herrlich?«

»Was ist hier herrlich?« fragte ich ziemlich gelangweilt.

»Alles«, sagte sie verzückt. »Der Nebel, die Lichter dieser Fähre, an der wir gerade vorbeikamen. Sieh doch, wie geheimnisvoll ihre Lichter im Dunst verschwinden.« In dem Augenblick ertönte das Nebelhorn tief in der »wattierten Weiße« des Nebels. Dieser Begriff, »wattierte Weiße«, ist von meiner Mutter, und ich fand ihn ganz besonders malerisch. Ihr Gesicht ähnelte dem eines aufgeregten Kindes. Bis dahin hatte ich keinerlei Gefühl bei dieser Überfahrt entwickelt, außer dem Wunsch, so schnell wie möglich auf der anderen Seite anzukommen; dann jedoch begannen ihr Geheimnis, ihre Romantik und Faszination sogar in meinen trüben Geist einzudringen.

Meine Mutter stand an der Reling und musterte mich prüfend. »Norman«, sagte sie sanft, »ich habe dir dein ganzes Leben lang Ratschläge erteilt. Manche hast du angenommen und andere nicht, aber hier ist einer, den du wirklich beherzigen solltest: Sei dir darüber klar, daß die Welt erfüllt ist von Schönem und Reizvollem, bleibe empfänglich dafür, werde nie stumpf. Verliere nie deine Begeisterungsfähigkeit.«

Wo auch immer sie heute in dem großen Jenseits sein mag, ich bin sicher, sie genießt die Zeit ihres Lebens. Nach allem, was sie war und ist, ist sie dem Drüben ebenso hingegeben, wie sie es dem Diesseits war. Ich beschloß, ihrem Rat zu folgen, und habe mir meine Begeisterungsfähigkeit lebendig erhalten. Daher kann ich auch aus persönlicher Erfahrung versichern, daß sie wirklich Wunder wirken kann.

Ruth Cranston schreibt in ihrer *Geschichte von Woodrow Wilson*: »Woodrow Wilsons Kurse an der Princeton-Universität waren die beliebtesten in der ganzen Geschichte jener Universität, und sie waren keineswegs kinderleicht. Jahr für Jahr wählten die Studenten Wilson als den beliebtesten Lehrer. Und der Grund dafür war, daß er Begeisterung ausstrahlte.

›Er war der anregendste Lehrer, zu dessen Füßen ich je gesessen habe.‹ ›Er machte alles, was er anrührte, interessant!‹ ›Er besaß eine Lebendigkeit und eine Begeisterung, die ansteckend waren.‹ So lauteten die Kommentare seiner Studenten, obwohl er über Themen las, die prosaisch und langweilig sein konnten, über internationales Recht und politische Ökonomie.«

Der Präsident einer großen Firma stellte fest: »Wenn ich versuche, mich zwischen zwei Männern etwa ähnlicher Fähigkeiten zu entscheiden, und einer dieser Männer verfügt über Begeisterungsfähigkeit, dann weiß ich, daß er weiter als der andere kommen wird, da Begeisterung sich als selbstauslösende Kraft auswirkt und dazu beiträgt, die gesamten Kräfte der Persönlichkeit auf jede zu bearbeitende Angelegenheit zu konzentrieren. Begeisterung ist ansteckend, sie reißt alles mit.« Das ist natürlich begreiflich, denn ein Mann mit Begeisterungsfähigkeit investiert all seine Möglichkeiten in seine Arbeit. Er legt alles in sie hinein. Die Begeisterung erneuert und entspannt ihn abwechselnd und bringt alle Fähigkeiten, das Beste in ihm, ins Spiel.

Diejenigen, die im Leben ihr Möglichstes und Bestes tun, verfügen unweigerlich über diese Qualität der Begeisterung. Die Leistungen solcher Menschen sind derart erstaunlich, daß man sagen darf, Optimismus und Begeisterung können tatsächlich Wunder im Leben der Menschen bewirken.

Emerson, der als einer der klügsten Männer in der Geschichte der Vereinigten Staaten gilt, war ein großer Verfechter der Begeisterung: »Stärken wir uns mit unaufhörlichem Bejahen, vergeuden wir uns nicht in Abwehr oder im Geifern gegen das Böse, sondern besingen wir die Schönheiten des Guten.« Wenn wir Pessimismus und Trübsinn abstreifen und uns statt dessen in Bejahung und Begeisterung üben, werden sich erstaunliche Ergebnisse in unserem Leben einstellen. Selbst wenn unsere Fähigkeiten, Ausbildung und Erfahrungen geringer als die von anderen sein sollten, können wir so gut wie jeden Mangel durch dynamische Begeisterung wettmachen.

Wie töricht erscheint die bedrückende und schale Lehre von den persönlichen Begrenzungen in diesem Licht. Manche Menschen meinen, wenn man sie fragt, wie weit sie es wohl bringen und wieviel sie wohl leisten könnten: »Nicht sehr weit und nicht sehr viel.

Wissen Sie«, erklären sie dann, »ich bin nämlich nicht so begabt wie andere.« Auf diese Begründung würde ich mit einer Frage und einer Feststellung antworten: »Woher wissen Sie eigentlich, daß Ihre Fähigkeiten begrenzt sind? Sie wissen das gar nicht mit Sicherheit; Sie haben sich diese Vorstellung einfach zu eigen gemacht, und damit haben Sie sich tatsächlich Grenzen gesetzt.«

In Wirklichkeit hat diese verblüffende, ungenützte Kraft, die wir in uns haben, eine Macht und ungeahnte Eigenschaften, die kaum zu begreifen sind. Lassen wir uns daher nicht zum Opfer jener elenden Einstellung selbstgeschaffener Begrenzung werden. Ohne unbescheiden zu sein, können und sollten wir viel von uns selber halten. Denken wir an das, was William James, einer der größten Philosophen Amerikas, über die Möglichkeiten sagte, die im Praktizieren des Glaubens liegen: »Glauben Sie daran, daß Sie bedeutende Reserven an Gesundheit, Energie und Ausdauer besitzen, und Ihr Glaube wird helfen, diese Tatsache zu schaffen.« So groß ist die Macht eines dynamischen und begeisterten Glaubens.

Viele Menschen sind wie gelähmt, nicht an ihren Gliedern, sondern in ihrem Denken. Sie haben sich in die beengte Einschätzung ihrer selbst gefügt; aber eine derartige Unterschätzung ist eine falsche Sicht der eigenen Persönlichkeit. Die meisten Menschen unterschätzen sich. Um dieser verderblichen Entwertung unserer selbst entgegenzuwirken, praktizieren Sie lieber Optimismus in bezug auf Ihre Möglichkeiten. Wenn wir ganz energisch die Auffassung persönlicher Begrenzungen von uns weisen und uns für unser Leben begeistern, werden wir überrascht sein über die neuen Eigenschaften, die plötzlich in uns erwachen. Dann können wir *tun* und *sein*, was uns zuvor als gänzlich unmöglich erschien.

Ein hervorragendes Beispiel für die ansteckende Kraft der Begeisterung, die neue Fähigkeiten hervorbringt, wurde durch die ehemalige Mannschaft der Boston Braves demonstriert. In Boston hatte die Mannschaft nur wenig Zuschauerscharen anziehen können, sie genoß kaum Unterstützung, rief keine Begeisterung hervor und war ziemlich schwach in ihrer letzten Saison dort. Dann kamen sie nach Milwaukee. Es war fünfzig Jahre her, daß Milwaukee einen Big League Baseball gehabt hatte, und die Begeisterung der Bürger für die neue Mannschaft war grenzenlos. Sie füllten das Stadion, zwanzig- bis dreißigtausend bei jedem Spiel. Ganz Milwaukee schien die Braves in ihr Herz zu schließen, war stolz auf sie und wollte, daß sie gewinnen. Und sie glaubten auch wirklich alle an ihren Sieg.

Das Ergebnis war, daß die Mannschaft, die früher auf dem siebten Platz lag, wie nie zuvor spielte. Ein Zeitungsartikel berichtete, daß man in den Rängen spüren konnte, wie Bejahung, Vertrauen und Zutrauen von den Zuschauern auf die Spieler übergingen. Die gleiche Mannschaft, die in dem einen Jahr mit dem siebten Platz abgeschlossen hatte, stieg im nächsten Jahr bis fast zur Spitze der Liga auf und ist seither stets eine der erfolgreichsten Mannschaften gewesen.

Es waren die gleichen Spieler wie vorher; die gleichen wohl, aber mit einem Unterschied: Sie hatten eine neue Quelle der Kraft und nährten sich aus ihr –

eine von Begeisterung gespeiste Kraft. Und diese Kraft wirkte Wunder, indem sie Fähigkeiten freisetzte, die bis dahin nicht zur Geltung gekommen waren. Jetzt waren es hervorragende Athleten, während es sich vorher nur um gewöhnliche, wechselhafte und geschlagene Spieler gehandelt hatte.

Auch Sie können aus einer neuen Kraftquelle schöpfen. Sind Sie im Augenblick durch Schwäche, Spannungen, Ängste und Minderwertigkeitsgefühle niedergeschlagen, dann nur deshalb, weil Sie niemals die herrliche, strahlende Eigenschaft der Begeisterung bedacht haben. Zwar ist der Wandel zu dieser neuen Einstellung nicht leicht – keine tiefe Wandlung im Charakter ist das –, aber der Weg dahin ist klar und einfach vorgezeichnet. Es gibt zwei psychologisch und geistig vernünftige Schritte, die man unternehmen kann, um die Begeisterungsfähigkeit zu erhöhen. Der eine besteht darin, die Denkungsart zu ändern, und der andere, die augenblickliche Einstellung einer Prüfung und Neuordnung zu unterziehen. Beides erreicht man am besten, indem man nach den Grundprinzipien des religiösen Glaubens und des psychologischen Verständnisses vorgeht.

Begeisterung kann nicht gedeihen in einem von trüben, ungesunden und destruktiven Gedanken erfüllten Gemüt. Um diese Verfassung zu ändern, versuche man ganz zielstrebig, jeden Morgen sich eine Reihe von begeisternden Gedanken durch den Kopf gehen zu lassen. Sehen Sie in den Spiegel, und sagen Sie etwa: »Heute ist mein Tag für gute Gelegenheiten. Mit was für Vorteilen kann ich doch rechnen: mein Heim, meine Familie, mein Beruf, meine Gesundheit! Ich bin mit so vielem gesegnet, ich werde den ganzen Tag mein Bestes tun, und der Schöpfer wird mir beistehen. Ich bin froh zu leben.« Wiederholen Sie das gleiche Gedankentraining, wenn Sie sich abends zur Ruhe begeben. Dieser tägliche Prozeß, das Gemüt von düsteren und bedrückenden Gedanken zu befreien, die ja ausgesprochen ungesund und selbstzerstörerisch sind, ist sehr wichtig, da das vorherrschende Denkmuster Ihre gesamte Lebenskraft beeinflussen kann. Demoralisierendes Denken demoralisiert uns.

An einem sonnigen Morgen in New York City winkte ich ein Taxi heran und sagte vergnügt zu dem Fahrer: »Guten Morgen, ein schöner Tag heute, nicht wahr?«

Er sah mich verdrossen an und fragte: »Na und?« Trotz dieser eisigen Antwort beharrte ich: »Es ist wirklich ein schöner Tag.« Wieder streifte mich sein Blick: »Ich kann nichts Schönes daran finden. Bald wird es regnen und schlechtes Wetter geben.«

»Und was haben Sie gegen Regen? Regen ist etwas Gutes.«

Das beeindruckte ihn aber ebensowenig. Es war noch ein Bekannter mit im Taxi, der mich ständig mit »Doktor« anredete, und nach einer Weile drehte sich der Fahrer um und sagte: »Hören Sie, Doktor, ich habe Schmerzen im Rücken und fühle mich furchtbar schlecht.«

»Ein so junger Mensch wie Sie sollte keine Schmerzen haben«, entgegnete ich. »Wie alt sind Sie?«

»Fünfunddreißig«, antwortete er und fragte klagend: »Was meinen Sie wohl, was ich haben könnte?« Offenbar hielt er mich für einen Arzt. »Nun«, meinte ich nachdenklich, »ich glaube zu wissen, was Sie haben, obwohl ich eigentlich nicht in Taxis praktiziere.« Und indem ich die Fiktion des Arztes aufrechterhielt, sagte ich: »Ich glaube, Sie haben Psychosklerose.«

»Was ist denn das?« fragte er entsetzt.

»Haben Sie schon von Arteriosklerose gehört?«

»Ich glaube«, meinte er unsicher.

»Das ist eine Verhärtung der Arterien. Sie haben vielleicht statt dessen eine Verhärtung der Gedanken – Psychosklerose –, und das kann ziemlich schlimm sein.«

»Was kann ich denn dagegen tun?« fragte er mißtrauisch.

»Nun, ich fahre erst seit ein paar Minuten mit Ihnen im Taxi, aber Ihre düstere und pessimistische Miene und Sprache würde jeden Ihrer Passagiere bedrücken und Sie selbst vor allem auch. Wenn ich noch öfter mit Ihnen fahren würde, könnte ich am Ende auch noch Psychosklerose bekommen!«

Inzwischen waren wir an meinem Ziel, der Marble Collegiate Church, angekommen; ich stieg aus und sagte mit einer Kopfbewegung zur Kirche hin: »Ich bin nicht die Art Doktor, für die Sie mich halten. Ich bin, wenn Sie wollen, ein geistiger Arzt, und wenn ich Ihnen auch nichts vorpredigen will, so glaube ich doch, daß Ihnen eine geistige Behandlung helfen würde.« Dann erklärte ich ihm verschiedene Behandlungen geistiger Art und erwähnte auch die Methode, sich frohe und anspornende Gedanken durch den Kopf gehen zu lassen, da ich fest glaubte, das würde seine Schmerzen mindern helfen. Ich habe allerdings auch darauf gedrungen, daß er außerdem einen Arzt für physische Krankheiten aufsuchen sollte. Der Taxifahrer war völlig fassungslos, daß seine Schwierigkeiten aus Gemüt und Geist herrühren sollten, dann aber sagte er mit einem verständnisvollen Ausdruck: »Ich verstehe, Sie meinen, daß ich mich schlecht fühle, weil ich schlecht denke.«

»Ja«, erwiderte ich, »das ist sogar sehr gut ausgedrückt. Ich habe so etwas schon erlebt, und wenn ich Sie wäre, würde ich tatsächlich damit anfangen, am eigenen Denken zu arbeiten. Füllen Sie sich mit Begeisterung und Optimismus auf.« Ich lud ihn ein, unseren Ratgeber in der Kirchenklinik aufzusuchen und dem Gottesdienst beizuwohnen, was er auch tat. Man gab ihm anregende Lektüre für Studium und Praxis, und bei dieser psychologischen und geistigen Therapie entwickelte er sich zu einem sehr eifrigen »Patienten«. Einem Menschen, der automatisch zu negativen Reaktionen neigt, mag das Praktizieren positiver Gedanken und Einstellungen schwerfallen. Die Entwicklung einer instinktiv begeisterten Haltung beginnt mit einer jener zuvor beschriebenen positiven Feststellungen, obwohl diese natürlich zu Anfang den tatsächlichen Gefühlen widersprechen mögen. Allein das Aussprechen der positiven Feststellungen veranlaßt einen zu positiver Bemühung und ist der erste Schritt, ein begeisterungsfähiger Mensch zu werden.

Der Erfolg hängt davon ab, daß man entschlossen auf diesem Wege beharrt, bis die positive Einstellung zur Begeisterung festen Fuß gefaßt hat. Ich muß es noch einmal sagen, daß die Methode, für die ich hier eintrete, keineswegs leicht zu erlernen ist, aber man erzielt damit, wenn man sich wirklich und immer von neuem bemüht, wunderbare Ergebnisse.

Wie sehr diese Methode die Verhältnisse ändert, indem sie den ganzen Menschen ändert, wird durch den Fall eines Mannes anschaulich, der mich eines Abends von einem Hotel in einer benachbarten Stadt anrief. »Ich weiß einfach nicht, was ich tun soll«, sagte er verzweifelt. »Ich kann nicht schlafen, so mutlos bin ich. Im Grunde bin ich so gut wie unter Wasser. Morgen nachmittag muß ich um drei Uhr die größte Krise meines gesamten Lebens meistern«, fuhr er düster fort, »und wenn das morgen nicht gutgeht, bin ich erledigt. Außerdem habe ich gerade die Nachricht bekommen, daß meine Frau krank ist und vielleicht ins Krankenhaus muß, und alles zusammen ist für mich so furchtbar, daß ich dachte, ich rufe Sie mal an. Ich hoffe, Sie nehmen es nicht übel.«

Ich versicherte ihm, daß ich das nicht täte, und sagte: »Sie haben doch ohne Zweifel schon viele Krisen durchgemacht, und Sie werden auch diese bewältigen. Sie klingen furchtbar verkrampft. Wahrscheinlich sitzen Sie in Ihrem Zimmer über das Telefon gebeugt und klammern sich mit aller Kraft an den Hörer, und überdies ist Ihre andere Hand vermutlich ebenfalls geballt. Stimmt's?« »Stimmt auffallend«, murmelte er.

»Halten Sie also erst einmal den Hörer locker in der Hand, und entspannen Sie die andere Hand auch.« Dann fragte ich: »Haben Sie einen bequemen Sessel im Zimmer?« – »Ja.« – »Dann holen Sie ihn sich heran, setzen Sie sich tief hinein, strecken Sie die Beine aus, lehnen Sie den Kopf an, und sprechen Sie in aller Muße mit mir.«

Ich spürte, daß er einigermaßen verwirrt war durch all dies. Schließlich sagte er: »Okay, ich sitze im Sessel, mein Kopf ist angelehnt.«

»Jetzt legen Sie Ihre Füße auf einen Tisch oder auf einen anderen Sessel.« Er lachte etwas verlegen und meinte: »So, jetzt haben Sie mich ganz nett gelockert.«

Dann erklärte ich ihm, daß es sehr schwer sei, eine schöpferische Idee aus dem Unbewußten hervorzulocken, wenn wir nicht vorher völlig entspannt unser Problem durchdenken können. »Sie müssen sich so entspannen, daß die frischen und lebendigen Gedanken, die Sie brauchen, auch durchkommen können. An was haben Sie in letzter Zeit vor allem gedacht?«

»Am meisten an mich selbst natürlich. An was soll man sonst denken?«

Ich schlug ihm vor, das Hauptgewicht seiner Gedanken von sich auf andere Menschen zu verlagern, damit er aufhörte, um sich selbst zu kreisen, und ganz allgemein eine Haltung zu kultivieren, die sich nach außen richtete. Hierdurch würde er das subtile geistige Gesetz zum Tragen bringen, demzufolge man sich selbst findet, sobald man sich gibt. Zufällig hatte er eine flüchtige Kenntnis der Bibel und kannte das Gesetz, auf das ich mich bezog. Zur allgemeinen Information: Es ist enthalten in den Worten des Matthäus-Evangeliums: »Denn wer sein Leben erhalten will, der wird's verlieren; wer aber sein Leben verliert um meinetwillen, der wird's finden« (16,25). Ich möchte anfügen, daß dies eins der tiefsinnigsten Gesetze ist, die auf menschliches Verhalten anwendbar sind.

Sodann fragte ich: »Haben Sie letzthin irgend etwas Selbstloses für irgend jemand anderen getan?«

»Nein«, gab er zu, »ich war viel zu sehr mit meinen eigenen Sorgen beschäftigt.«

»Also gut, dann gehen Sie persönlich als erstes morgen früh zur Heilsarmee und bitten um den Namen von irgendeinem Bedürftigen. Anschließend gehen Sie dorthin und tun für diesen Menschen ganz persönlich etwas. Auf diese Weise fangen Sie an, sich selbst ein wenig zu vergessen. Noch besser wäre es, wenn Sie etwas für mehrere Leute tun würden. Bringen Sie ein echtes Opfer. Ergreifen Sie die Initiative, sich für jemanden zu interessieren und ihm zu helfen, Sie werden feststellen, wieviel besser Sie sich danach fühlen. So etwas wirkt sich auflockernd aus und wird Ihr Leben wieder in Fluß bringen. Vergessen Sie aber nicht, Sie dürfen diese Dinge nicht tun, um irgend etwas davon zu haben, sondern Sie müssen versuchen, es in dem ehrlichen Wunsch zu tun, anderen Menschen zu helfen.

Und wenn wir mit unserem Gespräch aufhören, schicken Sie ein Dankgebet zum Himmel. Bitten Sie nicht mehr, danken Sie. Danken Sie für alles, was Ihnen einfällt, für alle positiven und guten Dinge, die zu Ihnen gehören, und setzen Sie dieses Danken fort. Vielleicht hilft es, wenn Sie es zu Papier bringen.

Als nächstes legen Sie das morgige Problem in die Hände Ihres Schöpfers, und glauben Sie vertrauensvoll daran, daß Er Ihnen zu einem guten Schlaf in dieser Nacht verhelfen wird. Morgen gehen Sie dann friedlich und voller Vertrauen in dem Glauben in Ihre Besprechung, daß Gott Sie lenken wird und mit Ihnen ist. Stellen Sie sich Ihn so vor, als nähme Er tatsächlich die Situation in die Hand und führte Sie in allem, was

Sie sagen werden. Unterdessen denken Sie alles ganz ruhig und konstruktiv durch. Vor allem«, schloß ich, »seien Sie optimistisch und aufgeschlossen – kein Trübsinn, nichts Negatives, nur Glauben und heitere Gelassenheit. Üben Sie sich in dieser Technik, ich bin sicher, es wird alles gutgehen.«

Es vergingen einige Wochen, bis ich wieder von ihm hörte. Er rief mich an, um zu berichten, daß zwar nicht alles genauso verlaufen war, wie er es gewünscht hätte, daß er jedoch überzeugt sei, das Ergebnis sei gut gewesen. Er war ganz überrascht über die Art und Weise, in der sich die Situation geklärt hatte.

»Ich habe meinen Teil jedenfalls gelernt«, sagte er. »Ich habe entdeckt, daß Trübsinn und Niedergeschlagenheit die schöpferischen Möglichkeiten zerstören und damit die Fähigkeit des Handelns blockieren. Mir ist klar, daß ich noch immer eine gewaltige Wiederaufbauarbeit an mir leisten muß, aber ich habe Begeisterung praktiziert, und das hat mich bereits schon so verwandelt, daß ich es mir zur Gewohnheit machen werde. Im übrigen habe ich mir auch Ihre Anregung, jeden Tag irgend etwas für irgend jemanden zu tun, zu eigen gemacht. Das war wirklich eine großartige Idee von Ihnen.«

Er schloß mit folgender Bemerkung: »Ich verstehe nicht, wieso mir vorher nie bewußt war, daß Christentum als praktisches Programm funktioniert.«

Fassen wir die Methode zusammen, nach der er vorging:

1. Pflegen wir Ruhe und Gelassenheit.

2. Tun wir täglich irgend etwas für irgendeinen Menschen.
3. Beten wir in Form von Dankgebeten.
4. Vertreiben wir Negatives durch Begeisterung und Optimismus aus dem Gemüt.

Ein guter Bibeltext zur täglichen Wiederholung ist: »Danket dem Herrn; denn er ist freundlich, und seine Güte währet ewiglich« (Psalm 106,1). Zweifeln wir nie, daß die schöpferische Kraft der Begeisterung Wunder wirken wird. Sie bildet einen elementaren Faktor in der Kunst, das ganze Leben dynamisch zu leben.

Begeisterung hat auch eine starke Wirkung auf das Wohlbefinden. Ein bekannter New Yorker Arzt sagte: »Die Menschen können tatsächlich sterben, wenn sie ihre Begeisterungsfähigkeit verlieren. Der physische Organismus kann mit der geistigen Haltung des Überflüssigseins nicht fertig werden.« Kürzlich fragte ich einen Arzt, in welchem Maße der positive Mensch in physiologischer und psychologischer Hinsicht dem negativen Menschen überlegen sei, und seine Antwort lautete: »Depressive Gedanken, die zur Gewohnheit geworden sind, erhöhen die Möglichkeiten von Infektionen mindestens zehnfach. Optimismus, echter Glaube und Begeisterung sind zusammen kraftvolle Wirkstoffe, Infektionen auszumerzen. Ich habe festgestellt, daß Menschen mit einer vertrauensvollen Einstellung zum Leben über größere Heilkräfte bei Krankheiten verfügen. Begeisterung ist eine der wirkungsvollsten Quellen der Gesundheit.«

Daß das in der Praxis den Tatsachen entspricht, geht

aus einem Brief von Mary Alice Flint hervor. Vor zehn Jahren, schreibt sie, war sie gewöhnlich müde und ohne Energie oder Begeisterung. Heute ist sie geistig sehr lebendig, und physisch geht es ihr gut. Ich halte sie und ihren Mann Maurice Flint für zwei der geistig einflußreichsten Menschen, die ich kenne. Sie ist eine vitale, lebensvolle Persönlichkeit. Sie sagt, sie kann den ganzen Tag arbeiten, ohne zu ermüden. Nachdem sie kürzlich von einer Reise zurückkehrte, während der sie Versammlungen abhielt und mit Kunden in den Warenhäusern sprach, in denen der Schmuck, den sie und ihr Mann herstellen, verkauft wird, schrieb sie mir folgenden Brief:

»Meine Reise war großartig und anregend. Sie brachte mich auf ein paar neue, frische Gedanken. Vorher verbrachte ich viel Zeit damit, von den Dingen zu träumen, die ich gern tun würde, aber ich kam nie soweit, von den Dingen zu träumen, die in den letzten Jahren tatsächlich geschehen sind.

Ob ich nun neugeboren oder nur befreit bin, weiß ich nicht. Aber ich weiß, daß ich in meinem Alter, in dem meine Energien eigentlich nachlassen sollten, eine Erneuerung meiner Kraft erfahren habe, die größer ist als alles, was ich zuvor erlebt habe. Das Wunderbare daran ist, daß ich auch weiß, diese Kraft wird fortdauern, solange ich die Arbeit tun werde, die der Schöpfer von mir erwartet. Wenn dies nicht eins der modernen Wunder ist, dann kommt es dem zumindest sehr nahe.

Mein Mann und ich sind uns darüber klar, daß die Quelle dieser Wiederbelebung in unserem Schöpfer und in dem hingebungsvollen Glauben an Ihn liegt.«

Jeden Tag läßt sich diese Frau durch Gebet, Meditation und Hingabe eine Reihe gläubiger Gedanken durch den Kopf gehen. Das hat ihre gesamte Einstellung zum Leben gewandelt, ihr Interesse am Dasein erneuert, das Beste ihrer Persönlichkeit herausgebracht und ihr in geistiger und physischer Hinsicht einen Aufschwung an Gesundheit vermittelt.

Eine zweite erfolgversprechende Möglichkeit, Begeisterung zu entwickeln, ist die, einfach enthusiastisch zu handeln, bis man es schließlich auch wird. Es ist eine häufig bewiesene Tatsache, daß man sich von einem unerwünschten Gefühl befreien kann, indem man sich auf die genau entgegengesetzten Gefühle einstimmt. Wenn man beispielsweise Angst hat, kann man sich dazu bringen, mutig zu sein, indem man sich mutig verhält. Wenn man sich unglücklich fühlt, kann ein Verhalten, das einer glücklichen Verfassung entspricht, glückliche Gefühle herbeiführen. Auf ähnliche Weise kann man sich selbst zu Begeisterung verhelfen, indem man einfach wie begeistert handelt.

Ein faszinierendes Beispiel dafür berichtet Frank Bettger im ersten Kapitel seines Buches »Lebe begeistert und gewinne«[1]. Dieses eine Kapitel ist klassisch für die Techniken der Begeisterung. Bettger spielte Baseball in der Johnstown-Mannschaft, Pennsylvania. Obwohl er jung und ehrgeizig war, wurde er aus der Mannschaft mit der Begründung gefeuert, er sei faul. Bettger wußte sehr wohl, daß er nicht faul war, sondern nur nervös. Der Manager erklärte ihm, wenn er weiterkommen wolle, müßte er mehr Begeisterung in sein Spiel investieren.

1 Frank Bettger, »Lebe begeistert und gewinne«. Oesch Verlag, Zürich

Schließlich gab ihm die Mannschaft von New Haven eine Chance. Bettger berichtet: »Mein erster Tag in New Haven wird in meiner Erinnerung immer den Rang des größten Ereignisses meines Lebens haben. Keiner kannte mich in dieser Liga, also beschloß ich, daß mich nie jemand dort der Faulheit beschuldigen könnte. Ich faßte den Entschluß, der dynamischste Spieler zu sein, den sie je in der New-England-Liga erlebt hatten.

Von dem Augenblick an, an dem ich auf dem Feld erschien, betrug ich mich wie elektrisiert. Ich spielte, als wäre ich mit Millionen Batterien geladen. Ich warf den Ball schnell und hart. Einmal, als ich beinahe schon umzingelt war, gelang mir noch ein toller Lauf. Es war eine richtige Schau, die ich auflegte. Das Thermometer an dem Tag zeigte über 35 Grad an. Es hätte mich nicht gewundert, wenn ich mit einem Hitzschlag auf der Strecke geblieben wäre, derart bin ich auf diesem Feld herumgeschossen.

Die Wirkung war ungeheuer, wie ein Wunder. Drei Dinge passierten auf einmal: 1. Meine Begeisterung siegte fast gänzlich über meine Nervosität. 2. Meine Begeisterung übertrug sich auf die anderen Spieler der Mannschaft, die genauso hingegeben spielten. 3. Statt einen Hitzschlag zu bekommen, fühlte ich mich während des Spiels und hinterher besser als je zuvor.«

Bettger berichtet, seine größte Aufregung kam am nächsten Morgen, als er in der Zeitung die Sportberichte las. »Dieser neue Spieler Bettger verfügt tonnenweise über Begeisterung. Er hat unsere Jungs aufgestachelt.« Dann nannten ihn die Zeitungen »Pfeffer-Bettger« und die »Seele der Mannschaft«. Ein durchschlagender Beweis für die Wirkung, die enthusiastisches Handeln ausübt.

Die wichtigste Tatsache indessen ist, daß er zwei Jahre später die Mannschaft von Johnstown verließ und bei den St. Louis Cardinals mit dreißigmal höherer Gage spielte. »Wie ist das gekommen?« fragt er sich. »Begeisterung allein hat das bewirkt. Nichts als die Begeisterung.«

Später, als er ins Versicherungswesen ging, hielt er sich an das gleiche Prinzip, immer begeisterte Hingabe zu zeigen. Er wurde auch auf diesem Gebiet ein ungewöhnlich erfolgreicher Mann.

Walter Chrysler sprach eine große Wahrheit aus, als er erklärte: »Das wahre Geheimnis des Erfolgs ist Begeisterung.«

Trainieren wir uns also bewußt zu begeistertem Handeln, um wirklich Begeisterung zu empfinden. Nach kurzer Zeit braucht man sich nicht mehr dazu zu zwingen, sie wird dann zur Selbstverständlichkeit.

Echte Begeisterung, nicht die künstliche oder aufgesetzte, ist Begeisterung, die aus tieferen inneren Quellen sprudelt, sie ist geistig von Natur. Das Wort »Begeisterung« kommt von Geist. Deshalb erlangt man durch Begeisterung soviel Kraft und Wirkung. Der Schöpfer gab uns das Leben. Er kann und wird unser Leben auch erneuern. Fällt man aus der Harmonie mit Gott, dann geht es abwärts mit dem Leben, dann ebbt die Vitalität ab, und jede Begeisterung schwindet. Ist die Begeisterungsfähigkeit gering, dann sind Vitalität, Energie und Kraft ebenfalls gering.

Deshalb füllen Sie sich mit diesem Geist, und Ihre Begeisterungsfähigkeit wird steigen; Sie werden dabei neue Vitalität, neue Energien, Kraft und Wirksamkeit erfahren. Bedenken Sie immer, daß Begeisterung auch eine ursprüngliche schöpferische Quelle haben sollte. Gott ist nicht nur der schaffende Geist, er erneuert seine Schöpfungen, es sei denn, Sie wirken seinem natürlichen Erneuerungsprozeß dadurch entgegen, daß Sie in ungeistiger Weise leben. Wenn wir aber in Harmonie mit unserem Schöpfer bleiben, dann werden uns schöpferische Erneuerungsprozesse und Vitalität auf ewig erneuern.

Begeisterung ist ein wichtiger Faktor im Pulsschlag des Lebens. Das gesamte Universum ist voller Schwingungen, und es ist wichtig, sich in Harmonie mit diesen Schwingungen zu befinden. In eben dieser Minute werden wir von Millionen von Schwingungen betroffen. Wir empfangen sie von den Menschen und den Dingen in unserer Umgebung. Sie treffen uns, und unbewußt gehen wir auf sie ein. Wichtig ist, die Empfänglichkeit für die positiven Schwingungen zu kultivieren, die von dem Schöpfer unseres Lebens ausgehen. Es gibt verschiedene Grade von Schwingungen. So erhält man an Regentagen andere Schwingungen als an Sonnentagen. Menschen erzeugen ihre eigenen Schwingungen. Einige Menschen lassen uns kühl, und andere machen nur einen geringen Eindruck auf uns. Und dann begegnet man Menschen, die geladen mit Schwingungskraft sind. Sie erregen und fesseln uns, sie faszinieren uns, reißen uns mit und an sich.

Ich wohnte einmal einer Theateraufführung in einer Oberschule bei. Jeder in diesem Ensemble war ausgezeichnet. Ein Junge jedoch, der nicht mehr als drei Minuten auf der Bühne erschien, ein schmaler Junge von ungefähr sechzehn Jahren, erwies sich als ein Bündel dynamischer Schwingungen. Es ist nicht schwer sich vorzustellen, was er mit fünfundzwanzig Jahren sein wird. Er erschien nur ganz kurz auf der Bühne, hielt und fesselte aber dennoch das Publikum. Tage später stand ich noch immer unter dem Bann dieses Jungen.

Auf daß Begeisterung sich also in Ihnen festige, glauben Sie an das, was Sie sich vorsagen: »Jetzt befinde ich mich im Einklang mit den geistigen Schwingungen, die vom Schöpfer ausgehen. Ich werde jetzt leben, als wäre ich erfüllt von Begeisterung. Ich habe Begeisterung.« Sie können sich selbst die unbedingte Wirklichkeit solcher Feststellungen durch die Praxis beweisen. Diese Technik ist deshalb so praktisch, weil sie Erfolg hat. Vertiefen Sie Ihren Glauben, bekräftigen Sie Ihre Begeisterung, vergessen Sie sich selbst, dienen Sie Ihrem Schöpfer und den Menschen, Sie werden zu neuen und höheren Ebenen des Lebens aufsteigen, und Sie werden tiefere Befriedigung finden.

Wenn die Kraft begeisterten Glaubens immer erhalten bleibt, findet man auch immer zu neuen Interessen. Das Leben wird niemals alt oder schal werden. Man wird lebensvoll und erfolgreich werden und bleiben.

Häufig hören wir die Leute klagen: »Für mich gibt es keine Zukunft in diesem Geschäft oder in dieser Stadt. Alles ist gegen mich.« Diese Menschen haben sich ihre eigene unglückliche Lage selbst zuzuschreiben. Das, was man sich vorstellt, hat die Tendenz, sich in die Wirklichkeit umzusetzen, wenn man die Vorstellung lange genug gehegt und gepflegt hat. Solche Menschen sind sich nicht bewußt, was ihnen für große Dinge im Leben zustoßen könnten, wenn sie nur aufhörten zu klagen und statt dessen ihr Gemüt mit schöpferischem Enthusiasmus füllten.

Menschen, die konstruktiv im Leben vorgehen, investieren grenzenlose Hingabe an das, was sie gerade tun. Sie werten ihre Arbeit oder Möglichkeit niemals ab, sondern greifen mit Begeisterung zu und regen damit die Kräfte zu erfolgreichen Leistungen an.

Als ich kürzlich eine Aufnahme für den Rundfunk hatte, merkte ich, daß der Toningenieur, mit dem ich arbeitete, Hal Schneider, eine ungewöhnliche Freude an seiner Arbeit zu haben schien. Er steckte mich mit seiner Begeisterung geradezu an. Sein Eifer half mir, schien mich von mir selbst zu lösen. Nach der Aufnahme, als er sein Arbeitswerkzeug ordnete, sagte ich: »Ihnen macht die Arbeit wirklich Freude, nicht wahr?«

»O ja, ich liebe sie«, antwortete er, und auf mein Drängen erzählte er mir von sich selbst.

Er kam aus einer armen Familie, die in einem heruntergekommenen Stadtteil New Yorks lebte. Seine erste Anstellung erhielt er als Liftboy in einem Apartmenthaus. Das war keine sehr großartige Sache, aber so sah er das nie. Für ihn bot sie Möglichkeiten, und er gab sich diesem Job mit ganzer Begeisterung hin. »Ich versuchte eben, der beste Liftboy der Welt zu werden.«

Sein wirklicher Ehrgeiz jedoch war, Rundfunktechniker zu werden. In seiner Freizeit studierte er das Fach. Es begeisterte ihn, er lief alle Rundfunkstationen ab und bekam schließlich eine kleine Anstellung. Diese kleine Anstellung war aber für ihn nicht klein. Er ging derart begeistert heran, lernte und arbeitete mit Kopf, daß er zu angemessener Zeit einer der ranghöchsten Rundfunkingenieure der National Broadcasting Company wurde. Er war sogar so gut, daß er dafür ausersehen wurde, General Eisenhower während seines Wahlfeldzugs zu begleiten.

»In diesem Zug«, sagte er, »erinnerte ich mich staunend daran, daß ich jener arme kleine Liftboy gewesen war. Und jetzt saß ich dort und brachte tatsächlich einen berühmten General, der für die Präsidentschaft der Vereinigten Staaten kandidierte, durch den Äther. Ich konnte es gar nicht fassen, so aufgeregt war ich.

Mein größtes Erlebnis kam aber erst, nachdem der General gewählt war. Es war bei einer Riesenversammlung in New York City. Tausende waren da, und die gesamte Nation wartete darauf, was der neue Präsident zu sagen hatte. Es war ein gewaltiger Augenblick.

Der Präsident stand zum Sprechen bereit, und ich war da, um seine Rede zu übertragen. Der Präsident wartete am Podium. Ich stand fünfzehn Sekunden lang mit erhobenem Finger, und in dem Riesenauditorium hätte man eine Stecknadel zu Boden fallen hören können. Da kam es plötzlich über mich: Man stelle sich vor, sogar der Präsident der Vereinigten Staaten konnte nicht anfangen, bis ich ihm das Startzeichen gegeben hatte. Natürlich liebe ich meine Arbeit, sie steckt voller Aufregungen.« Er strahlte vor Begeisterung, der Begeisterung, die ihn zum erstklassigen Rundfunkingenieur gemacht hatte.

Die Erfahrung dieses Mannes beweist einmal mehr,

daß jede Stellung mehr als nur eine Beschäftigung werden kann, wenn man genügend Phantasie und Begeisterung hat, um aus ihr etwas zu machen. Dieser junge Mann verfügte über Begeisterungsfähigkeit und setzte sie ein. Das können auch Sie. Sie möchten Ihr Leben ändern. Sie möchten aus der langweiligen Routine heraus. Sie möchten wirklich Nützliches leisten. Sie können Ihr Leben ändern, aber Sie brauchen dafür nicht Ihre Stellung zu wechseln. Ändern Sie sich selbst. Ändern Sie Ihre Gedanken und Einstellungen. Investieren Sie Hingabe und Begeisterung, und die alte Stellung wird zu einer ganz neuen werden und Ihr Leben sich mit neuen Kräften füllen. Auf diese Weise beginnen Sie den Weg nach oben, der zu größeren Dingen führt. Ich habe gesehen, wieviel die Kombination von Begeisterung und Gebet im Leben so vieler Menschen ausrichten kann, so daß ich mit Begeisterung über das schreiben muß, was Begeisterung bewirken kann.

Mit Begeisterung, die auf soliden Tatsachen beruht, kann ich also feststellen, daß jede Idee, jede Anregung, jede in diesem Buch beschriebene Methode Erfolg hat. Ich habe das im Leben von Hunderten von Menschen beobachtet. Deshalb können Sie vertrauensvoll an die Ausführbarkeit und Wirksamkeit der Prinzipien glauben, die in diesem Kapitel und in den folgenden vorgestellt werden.

Ein Mann, der eine wahre Neugeburt durch Begeisterung mit diesen Methoden erreichte, war zuvor ein schläfriger, langweiliger Verkäufer. Als Resultat seines trägen Denkens und seiner uninteressierten Arbeitsweise lebte er von der Hand in den Mund. Wenn er von den Leistungen anderer Verkäufer hörte, konnte er einem stets aufzählen, was an deren Methoden verkehrt war. Die Gewohnheit, andere Menschen zu kritisieren, die konstruktive Dinge im Leben tun, ist ein sicheres Anzeichen dafür, daß man im Grunde selbst ein Versager ist. Sobald Sie sich dabei überraschen, andere Menschen in solcher Weise zu kritisieren, wäre es ratsam, eine gründliche und ehrliche Analyse der eigenen Eifersüchte und Empfindlichkeiten vorzunehmen.

Dieser Verkäufer hatte viele Tage nichts verkauft. Er erzählte seiner Frau ständig, daß er einen großen Fehler begangen habe, überhaupt Verkäufer zu werden; er haßte das Verkaufen, er mochte Menschen nicht, und die Menschen mochten ihn nicht. Immer wenn er in ein Büro kam, um einen Auftrag einzuholen, erstarrten sie.

Der eine große Vorzug, über den dieser Mann verfügte, war eine kluge und geistig rege Frau. Sie stritt nicht mit ihm, sondern betete statt dessen mit starkem Glauben für ihn. Sie betete und glaubte fest daran, daß ihr Hilfe zuteil werden würde. Wenn man den Schöpfer um Hilfe bittet und gleichzeitig das Gebet dadurch entwertet, daß man bezweifelt, ob man das Erbetene erhalten wird, wird das Gebet seine Wirkung verfehlen. Wie könnte die Antwort auch anders ausfallen, denn das wahre Gebet kennt keinen Zweifel.

Aber diese Frau betete in dem positiven Glauben, daß die angeborene Begeisterungsfähigkeit und die übrigen Qualitäten ihres Mannes wieder gefestigt würden. Schließlich überredete sie ihren Mann dazu, mit ihr zusammen zu beten. Ihr gemeinsames Gebet wurde zu einer Bekräftigung dessen, daß ihr Leben erneuert werde, und sie erlebten es, daß in ihnen selbst eine Veränderung vor sich ging.

Diese Art zu beten tut immer ihre Wirkung, und eines Morgens sagte der Mann mit neuer Festigkeit zu seiner Frau: »Laß heute mich beten.« Sein Gebet lautete folgendermaßen: »Erfülle mich mit Begeisterung für all das Gute, das ich durch meine Arbeit erwirken kann.«

An jenem Tag ging er in einer aufgeschlossenen und selbstlosen Gemütsverfassung hinaus, und der Nachdruck lag auf dem aufrichtigen Interesse an den Menschen, die er aufsuchte.

Zwei kleine Aufträge brachte er an dem Tag unter. Tag und Nacht fuhr er fort, seine schöpferische Begeisterung zu festigen. Selbstverständlich änderte er sich nicht mit einem Schlag, das tun Menschen nur sehr selten. Sie nehmen zwar häufig auffallende und plötzliche Kehrtwendungen vor, aber eine Änderung der Person geht doch gewöhnlich nur sehr allmählich vor sich. Jedoch machte diesen Mann die neue Einstellung mit der Zeit zu einem neuen Menschen, so daß er zum Schluß einer der tüchtigsten Mitarbeiter seiner Firma wurde. »Ich bin nur ein Mann durchschnittlicher Begabung«, sagte er mir, »aber ich habe entdeckt, daß jemand, der begeistert an Gott, an seine Arbeit und an die Menschen glaubt, seine Arbeit in überdurchschnittlicher Weise ausführen kann.« Wie recht er hat!

Der Einsatz von Begeisterung bei Beschäftigungen, die langweilig und stumpfsinnig scheinen, erweist sich oft als die Zauberformel, die das Gewöhnliche ins Ungewöhnliche wandelt. Jeder Aspekt des Lebens ist nur so öde und alltäglich, wie man ihn findet. Man kann ihn jedoch auf gedanklichem Wege aus dieser Öde und Gewöhnlichkeit herausheben und ihn zu etwas erstaunlich Lohnendem machen. Alles hängt davon ab, wieviel Begeisterung man aufbringen und ehrlich empfinden kann und wie dynamisch geistig das Motiv dafür ist. Echtes Gefühl für den Sinn des Ganzen plus Begeisterung wird jede Arbeit im Wert steigern, ganz gleich, um was es sich handelt.

Ein erfolgreiches Leben kann an dem Ausmaß der begeisterten Teilnahme am Leben gemessen werden. Ich habe ein Fußballspiel im Fernsehen verfolgt. Zwei Männer der Verteidigung der einen Mannschaft waren reine Dynamos von Begeisterung. Wohin der Ball ging, waren auch sie immer wieder zur Stelle. Sie schienen das ganze Feld zu beherrschen, so eifrig, schnell und hingegeben waren sie. Ihre hervorragende Wirksamkeit erklärte sich durch die schlichte Tatsache, daß sie von Begeisterung erfüllt waren. Sie gaben alles, was sie hatten.

Wenn Sie nicht so gut weiterkommen, wie Sie möchten – und wir sollten uns niemals mit zu wenig Leistung zufrieden geben –, versuchen Sie, Ihrer Arbeit, Ihrer Familie und allen Menschen Ihrer Umgebung mehr zu geben. Sie werden feststellen, wie sehr dieses Geben die Menschen anzieht. Eine der gewissesten aller Wahrheiten besteht darin, daß uns das Leben nicht mehr gibt, als wir ihm geben. Gehen Sie auf das Leben zu, und es wird auf Sie zukommen.

Begeisterung trägt alles, Begeisterung kann Wunder wirken.

*

Begeisterung ist so wichtig, daß ich dieses Kapitel mit einer Zusammenfassung einiger Ratschläge beschließen möchte.

1. Suche nach Interessantem und Romantischem in den einfachsten Dingen deines Lebens.

2. Erweitere deine vom Schöpfer gegebenen Fähigkeiten. Entwickle in aller Demut eine gute Meinung von dir selbst.

3. Sei sorgfältig darauf bedacht, alle trüben, tötenden, ungesunden Gedanken auszuschalten, auf daß dein Gemüt sich auffrische und fähig werde, Begeisterung zu entwickeln.

4. Festige deine Begeisterung täglich. Denke, sprich, lebe entsprechend.

5. Übe dich in täglicher Entspannung, damit Geist und Gemüt nicht müde werden; Begeisterung ist ein Merkmal derjenigen, die stets mit aller Kraft auf dem Posten sind.

6. Handle mit Begeisterung, denn wie du handelst, wirst du sein.

7. Lasse dir durch kein Schuldgefühl den Glanz deines Schwungs rauben. Schuldgefühle bilden die schwerwiegendste Ursache für Trübsal.

8. Halte den schöpferischen Kanal zu deinem Schöpfer offen, vergiß nicht, daß »Enthusiasmus« gleich »entheos« ist und »Gott im Innern« bedeutet.

9. Bleibe geistig stark und lebendig.

10. Gib alles, was du hast, an das Leben, und es wird dir seine größten Gaben zukommen lassen, es wird niemals langweilig werden.

3. Kapitel
Was Begeisterung vermag

Der Mann hinter dem Schreibtisch war offensichtlich in Sorge, und mit einem gequälten Ausdruck im Gesicht sagte er: »Manchmal möchte ich alles an den Nagel hängen. Sie können sich nicht vorstellen, was es heißt, als Direktor der Personalabteilung die Verantwortung für so viele Angestellte zu tragen. Wie oft bin ich doch gezwungen, Maßnahmen anzuordnen, die mir im Innersten zuwider sind! Nein, es ist kein Vergnügen, das künftige Schicksal seiner Mitarbeiter in seinen Händen zu wissen, glauben Sie mir!«

»Aber das Schicksal Ihrer Mitarbeiter liegt ja nicht in Ihren Händen«, entgegnete ich. »Letzten Endes liegt das Schicksal jedes Menschen doch in seinen eigenen Händen. Aber ich verstehe, was Sie meinen; Sie haben in der Tat Entscheidungen zu treffen, die die Zukunft mancher Menschen ganz wesentlich beeinflussen können.«

»Das eben«, fuhr er fort, »ist der Grund, weshalb ich Sie heute hierher gebeten habe. Es handelt sich um unseren gemeinsamen Freund Fred Hill, und es geht um eine der schwerwiegendsten Entscheidungen, die ich je wegen eines Mitarbeiters treffen mußte. Ich brauche Ihre Hilfe.«

Ich versicherte ihn meiner Hilfsbereitschaft, sagte ihm aber gleichzeitig, daß mir nicht recht klar sei, wie ich ihm von Nutzen sein könne, da ich von seinen geschäftlichen Problemen ja nichts verstünde.

»Sehen Sie, es ist nicht nur ein geschäftliches Problem – in erster Linie ist es ein menschliches Problem. Unsere Unterredung kann für unseren Freund, für seine Frau und seine drei Söhne von weittragender Bedeutung sein.

In sechs Monaten muß eine wichtige Stelle in unserem Betrieb neu besetzt werden, und Fred wäre aufgrund seiner bisherigen Laufbahn der gegebene Mann. Aber trotzdem bin ich nach langen inneren Kämpfen zum Entschluß gekommen, daß ich es dem Verwaltungsrat gegenüber nicht verantworten kann, Fred für diese Beförderung vorzuschlagen. Sie sind meine letzte Hoffnung – vielleicht sehen Sie einen Weg, Fred zu helfen und ihm den Aufstieg doch noch zu ermöglichen. Leicht wird es nicht sein.«

»Woran fehlt es?« fragte ich. »Fred scheint ein erstklassiger Mann zu sein. Ich kann mir nicht vorstellen, daß irgend etwas mit ihm nicht in Ordnung ist, außer daß er hin und wieder einen etwas apathischen Eindruck macht.«

»Das ist es ja gerade! Fred hat eine sehr gute Ausbildung, er besitzt Erfahrung und ein gewinnendes Wesen. Er ist ein guter Ehemann und ein vorbildlicher Vater. Aber es fehlt ihm an Schwung und Einsatzfreude; er verfügt nicht über das kleinste bißchen Begeisterung. Wenn wir ihm dazu verhelfen könnten, dann wäre er genau der richtige Mann für diese Stelle.«

»Sechs Monate?« fragte ich.

»Sechs Monate«, antwortete er.

Ich dachte lange nach, denn das Problem war nicht einfach. Nach einer Weile sagte ich: »Vielleicht ist Fred nie aufgeweckt worden.«

Mein Freund nahm diesen Gedanken sofort auf: »Sie mögen recht haben. Und wenn es so ist, dann ist er nicht der einzige. Als Direktor der Personalabteilung sehe ich das alle Tage: fähige Leute, die nie aufgeweckt worden sind und darum die in ihnen schlummernden Möglichkeiten nicht verwirklichen können. Und gerade Fred würde ich wünschen, daß ihm das gelänge.«

Als ich in der Untergrundbahn nach Hause fuhr, betrachtete ich die Gesichter der Fahrgäste – sorgenvolle Gesichter, apathische Gesichter, unglückliche Gesichter. Nur einige wenige sah ich, deren Miene und Haltung Kraft und eine gesunde Lebenseinstellung verrieten. Es wurde mir deutlich, daß sich zu viele Menschen mit der Eintönigkeit ihres Daseins abfinden und sich entmutigenden Gedanken hingeben, statt nach einem erfüllten Leben zu streben.

Und da wurde mir auch bewußt, daß wir in unserer Zeit eines Mittels bedürfen, um gegen die Passivität anzukämpfen, eines Werkzeugs, das uns hilft, die in uns verborgenen schöpferischen Kräfte freizulegen und lebensbejahender, begeisterter zu werden. Denn Begeisterungsfähigkeit ist es, was so vielen von uns heute mangelt. Es reifte in mir der Entschluß, dieses Buch zu schreiben, weil ich überzeugt bin, daß letzten Endes unsere Begeisterungskraft über Erfolg oder Mißerfolg im Leben entscheidet.

Und Fred Hill? – Im fünften Kapitel werden wir sehen, was aus ihm wurde.

Aber vorher möchte ich von Begeisterung sprechen und von der Bedeutung, die sie für uns haben kann. Ich habe viele Menschen jahrelang beobachtet und dabei immer wieder gesehen, daß diejenigen, die ihr Ziel erreichen, das vor allem ihrer Begeisterungsfähigkeit verdanken. Nur die Menschen kommen vorwärts, die allen Gegebenheiten des Lebens – auch den schwierigsten Problemen und scheinbar unüberwindlichen Hindernissen – mit einer vertrauensvollen Haltung und einer begeisterten Einstellung gegenübertreten. Und darum muß ich immer wieder von der alles überwindenden Kraft der Begeisterung sprechen, und ich will auch Wege zeigen, wie diese mächtige und wunderbare Kraft entwickelt und bewahrt werden kann.

Der Grad unserer Begeisterungsfähigkeit kann darüber entscheiden, was aus unserem Leben wird. Betrachten wir zum Beispiel den enormen Unterschied zwischen zwei uns allen bekannten Gruppen von Menschen. Die einen sind verdrossen, griesgrämig, ewig unzufrieden, die anderen optimistisch, fröhlich, hoffnungsvoll. Weil sie ein Ziel vor sich haben und daran glauben, daß sie es eines Tages erreichen werden, sind sie dynamisch und unternehmend. Und welches auch immer ihr Ziel ist – sozialer Fortschritt, gesellschaftliche Gleichberechtigung, Entwicklung neuer Unternehmen –, sie alle arbeiten mit an einer neuen, besseren Welt.

Wir wollen lernen, uns die Begeisterung zunutze zu machen, um zu diesem anregenden und schöpferischen Kreis tatkräftiger und erfolgreicher Menschen Zugang zu erhalten. Alle diese Menschen bestätigen uns, daß Begeisterung ein unerläßlicher Bestandteil der Persönlichkeit ist, eine Kraft, die mit dazu beiträgt, Glück und Selbsterfüllung zu finden.

Sir Edward Appleton, der schottische Physiker, dessen wissenschaftliche Entdeckungen die Verbreitung von Rundfunksendungen über die ganze Welt möglich machten und ihm den Nobelpreis eintrugen, wurde nach dem Geheimnis seiner erstaunlichen Erfolge gefragt. »Vor allem Begeisterung!« antwortete er. »Ich stelle Begeisterung sogar über berufliches Wissen.« Er ist der Ansicht, daß ohne Begeisterung niemand fähig wäre, die nötige Selbstdisziplin und endlose Mühe aufzubringen, seine beruflichen Fähigkeiten wirklich überdurchschnittlich zu entwickeln. Begeisterung ist der nie erlahmende Impuls, der uns beharrlich unser Ziel verfolgen läßt.

Voltaire beschrieb einmal einen Mann als ein wärmendes Feuer – immer glimmend, aber nie richtig brennend. Harold Blake Walker knüpfte an dieses Bild an, als er sagte: »Manche Menschen sind ohne Lebensfreude und schleppen sich lustlos durch ihre tägliche Arbeit, mit einem Wort: gerade warm genug, um eben durchzukommen, aber nie wirklich brennend und etwas Außerordentliches leistend.

Doch erstaunliche Dinge geschehen«, fährt er fort, »wenn ein Mensch Feuer fängt und richtig zu brennen beginnt.« Walt Whitman sagt von sich selbst: »Mein Feuer glomm nur, bis mich Emerson endlich zum Brennen brachte.« Welch zutreffende Selbsterkenntnis eines begabten Menschen der aber ohne Kraft blieb, bis in ihm das Feuer der Begeisterung entzündet wurde! Das Ergebnis sind Whitmans unsterbliche Gedichte.

Wäre es nicht für manchen von uns an der Zeit, mit

Motten aufzuhören und das Feuer der Begeisterung anzuzünden? Dieses Feuer verbrennt die apathischen und lustlosen Elemente in uns und legt bisher ungenützte, oft gar unvermutete Kräfte in uns frei. Walker sagte es so: »Sieh zu, daß du zum Brennen kommst, und du wirst Fähigkeiten und Kräfte in dir entdecken, von denen du nie geträumt hast.«

Vor Jahren stieß ich zufällig auf ein Zitat von Charles M. Schwab, einem der unternehmenden Männer, welche die amerikanische Industrie groß gemacht haben: »Ein Mensch kann alles erreichen, wofür er sich begeistert.« Und das ist eine unumstößliche Tatsache, wie wir in diesem Buch noch sehen werden.

Viele außerordentliche Erfolge sind merkwürdigen Zufällen zu verdanken. Am Anfang jedes Unternehmens stehen unweigerlich die Schwarzseher mit ihren Prophezeiungen: »Das ist unmöglich! Das geht nicht!« Eifrig tragen sie alle Argumente gegen einen möglichen Erfolg zusammen und scheinen geradezu begierig, eines Tages sagen zu können: »Ich habe es ja gewußt!« Solche Menschen sind selten bis nie erfolgreich, und das ist vielleicht mit der Grund, weshalb sie insgeheim wünschen, andere möchten es auch nicht sein.

Kürzlich durfte ich den Horatio-Alger-Preis der American Schools and Colleges Association an John H. Johnson, den Herausgeber und Verleger des sehr erfolgreichen »Ebony« und anderer Magazine, verleihen. Seit Jahren beschäftigte ihn die Idee von »Ebony«, einer Zeitschrift zur Unterstützung der Anliegen der Schwarzen, er war aber – wie das bei Leuten mit neuen Ideen oft der Fall ist – knapp an Geld. Man riet ihm daher, »die Sache zu vergessen«.

Die meisten dieser sogenannten Freunde sind noch immer nicht darüber hinweg, daß sie jetzt Anteile an etwas besitzen könnten, was sich zu einem außerordentlich einträglichen Unternehmen entwickelt hat. John H. Johnson und seine Frau sind heute alleinige Eigentümer aller Anteile, weil er der einzige war, der sich für den Plan begeistern konnte. Seine Begeisterung erweckte Vertrauen, und Vertrauen förderte das Unternehmen. John H. Johnson ist ein lebendes Beispiel für Charles M. Schwabs Ansicht, daß ein Mensch alles erreichen könne, für das er sich begeistere. George Matthew Adams drückte es etwas anders, aber ebensogut aus: »Begeisterung ist Vertrauen, das aufs Feuer gesetzt und zum Kochen gebracht wurde.«

Wir dürfen aber niemals vergessen, das Feuer unserer Begeisterung unter Kontrolle zu halten, denn nur dann ist es voll wirksam. Ein Feuer muß gehegt und überwacht werden, damit es seine volle Kraft entfalten kann. Die Welt gehört dem Begeisterten – der einen kühlen Kopf bewahren kann. Logisches Denken und überlegtes Handeln verlangen kühles Blut, und deshalb möchte ich sagen: Begeisterung für eine Idee oder einen Plan soll ein Feuer in uns entzünden, aber dennoch müssen wir unsere Begeisterung im Zaume halten; wir dürfen uns in unseren Entscheidungen nicht von ihr allein leiten lassen. Sie darf uns nicht beherrschen, und sie darf nicht mit der Vernunft durchbrennen. Denn wie jede starke Kraft kann unkontrollierte Begeisterung alles zerstören, während Begeisterung, die ihre Grenzen kennt, alles zu vollbringen vermag.

Als John H. Johnson »Ebony« herauszugeben begann, beschloß er, nicht unmittelbar auf das große Ziel loszugehen, das ihm in seiner Begeisterung vorschwebte, sondern er teilte die Aufgabe, die er sich gestellt hatte, in verschiedene Teilstücke auf und machte sich Schritt für Schritt an deren Bewältigung. Mit jedem dieser Schritte wuchs seine Erfahrung, und jedes »kleine Ziel«, das er wieder erreicht hatte, bestärkte ihn im Gefühl, auf dem rechten Weg zu sein. Und mit dieser Gewißheit nahm er das nächste »kleine Ziel« in Angriff, bis er schließlich, Schritt für Schritt, dorthin kam, wo er von Anfang an sein großes Ziel gesehen hatte. Dieses System der »kleinen Ziele« möchte ich jedem empfehlen, besonders aber jenen leicht allzusehr Begeisterten, die zuviel auf einmal erreichen wollen und gerade daran scheitern.

Aber noch mehr als vor zu großer Begeisterung möchte ich vor zu großer Bedächtigkeit, vor nie endendem Abwägen warnen. Mein Freund Raymond Thomburg, selbst ein nie unterzukriegender Enthusiast, zitierte einmal, als von ewig verzagten Menschen die Rede war, den Ausspruch von Anatole France: »Ich ziehe die Besessenheit der Begeisterung der Teilnahmslosigkeit des kühlen Verstandes vor.«

Gewiß kann übergroße Begeisterung dazu führen, einmal einen falschen Weg zu gehen – aber nur die Begeisterung hilft uns, unsere schöpferischen Kräfte voll zu entfalten. Und nur der schöpferische Mensch findet wirkliche Erfüllung im Leben.

Betty Friedan, die Verfasserin von »Der Weiblichkeitswahn«, sagte einmal: »Mich schaudert bei dem Wort ›gleichgültig‹. Gleichgültigkeit ist eine Flucht vor dem Leben. Gleichgültig sein heißt überhaupt nicht sein. Lieber möchte ich mit Begeisterung auf dem falschen Weg sein als teilnahmslos auf dem richtigen.« Auch ich bin dieser Ansicht und mit mir gewiß jeder aufgeweckte Mensch. Hier zeigt sich, was Begeisterung vermag. Sie reißt unser Leben aus der Mittelmäßigkeit heraus und gibt ihm erst seine wahre Bedeutung. Den innerlich Unbeteiligten läßt alles kalt – der Begeisterte dagegen mag sich hin und wieder brennen, aber er wird am Ende den Sieg davontragen!

Daneben gibt es nicht wenige Menschen, die weder heiß noch kalt sind. Diese seelisch leeren Menschen hat es zu allen Zeiten gegeben, sie wurden aber nie hoch eingeschätzt. In der Bibel heißt es von ihnen: »Die Lauen werden ausgespien.« Jeder, der dazu beiträgt, die Zahl dieser teilnahmslosen Menschen zu verringern, indem es ihm gelingt, aus dem einen oder andern einen begeisterten Menschen zu machen, hilft nicht nur diesem Menschen weiter, sondern baut mit an einer besseren Welt.

Was kümmert's mich?

Viele Menschen brüsten sich heutzutage mit ihrer ablehnenden Haltung der üblichen Lebensweise gegenüber. Sie sind matt und verdrossen, und ihre destruktive Geisteshaltung segelt unter dem Motto: »Was kümmert's mich?«

Vielleicht ist das ihr Schutzwall gegen ein Leben,

dem sie sich nicht gewachsen fühlen. Denn das Leben verlangt unseren vollen Einsatz, und dieser Einsatz bringt uns nicht nur Erfolge, sondern auch Niederlagen.

Harry Simpson gehörte zu dieser Kategorie von Menschen. Er war der apathischste Mensch, dem ich je begegnet bin. Er sagte immer, er sei schon überall gewesen und habe schon alles gesehen. Sein Urteil über die Menschen war vernichtend: Kaum einen habe er kennengelernt, der ihm Achtung eingeflößt habe. Er habe genug von den jungen Rebellen und genug von den arrivierten Wichtigtuern. Politik? – Welche Rolle spiele es, wer gewählt würde? Nach seiner Meinung waren alle Politiker bestochen und das Volk die Betrogenen, welche Partei auch immer am Ruder sei. Er ging an Baseball-Spiele, ohne je einer Mannschaft Beifall zu spenden. Er war ein Zyniker und, wie die meisten Zyniker, selbstsüchtig und rücksichtslos. Er lehnte es auch ab, Aufgaben in seiner Wohngemeinde zu übernehmen, und für wohltätige Zwecke gab er höchstens etwas, um die Sammler loszuwerden. Die Bedürftigen waren ihm völlig gleichgültig.

Und doch war er trotz seiner negativen Einstellung, die ihm mit der Zeit den Übernamen »Neg« eintrug, ein geselliger Mensch und ein liebenswürdiger Gesellschafter. Er und seine Frau waren sehr unterhaltend; in seinem Beruf war er überdurchschnittlich erfolgreich.

Dann trat die Begeisterung in sein Leben, und sie veränderte Harry Simpson von Grund auf. Das kam so:

Harry und seine Frau fuhren auf einige Tage der

Entspannung nach New York und machten dort die übliche Runde in den Theatern, Restaurants und Nachtlokalen. Seine Frau genoß diese Abwechslung sehr, aber Harry ließ alles kalt. Unwirsch entschied er am dritten Tag: »Was soll das? Gehen wir wieder nach Hause!«

Zu Hause hatten sie aber einem Bekannten versprochen, einem seiner Freunde in New York Grüße zu bestellen, und widerwillig telefonierte Harry mit dem Mann. Zu ihrer Überraschung wurden die Simpsons von ihm zum Nachtessen eingeladen, und – noch überraschender – Harry nahm die Einladung an. »Ich wußte eigentlich nicht, wie ich dazu kam«, meinte er, ». . . bis später.«

Außer ihnen waren noch einige andere Ehepaare eingeladen, und es wurde für die Simpsons der fröhlichste und beglückendste Abend seit Jahren. »Ich kann diese Leute nicht verstehen«, sagte Harry, als sie in ihr Hotel zurückkehrten. »Niemand trank einen Tropfen Alkohol, und trotzdem waren alle von geradezu ausgelassener Lebhaftigkeit. Selbst wenn sie über Politik sprachen, taten sie es mit Begeisterung, und es war interessant, ihnen zuzuhören. Und ist dir aufgefallen, daß sie über Religion sprachen, als ob sie ihnen tatsächlich etwas bedeute? Was haben diese Leute, was wir nicht haben?«

»Ich weiß es nicht«, antwortete seine Frau, obwohl sie es zu wissen glaubte. Aber sie wollte, daß er selber dahinterkomme. »Willst du unseren Gastgeber nicht nochmals treffen und ihn fragen?«

Anderntags lud ihn Harry zum Mittagessen ein und stellte ihm die Frage: »Wie kommt es, daß ein

Kreis von Bewohnern einer Weltstadt, die man in der Regel doch eher als zurückhaltend kennt, so begeistert ist und so aus sich herausgeht?«

»Sehen Sie«, begann sein Gegenüber, »was Ihnen aufgefallen ist, hat eine Geschichte. Wir treffen uns in diesem Kreis seit einiger Zeit regelmäßig. Jeder hatte mehr oder weniger genug von allem, und was mich selber betrifft, so schien mir mein Leben immer eintöniger und sinnloser zu werden. Meine Geschäfte gingen gut, aber zwischen meiner Frau Betty und mir harmonierte es je länger je weniger. Die Parties, zu denen wir gingen, waren alle gleich stumpfsinnig; überall dieselben Leute, dieselbe geistlose Konversation – Sie wissen ja, wie es ist.«

»Und ob«, stimmte Harry zu. »Genauso empfinde ich seit Jahren. Bitte reden Sie weiter.«

»Nun, zufälligerweise lernte ich den Pfarrer einer New Yorker Kirche kennen; er kam in mein Geschäft, um etwas zu kaufen. Ich war ihm vorher noch nie begegnet, aber ich hatte eines seiner Bücher gelesen. Ich bat ihn in mein Büro und – ich weiß nicht weshalb – schüttete ihm mein Herz aus, erzählte ihm von meiner Lebensmüdigkeit. Schweigend hörte er mir zu, bis ich geendet hatte. Dann erwartete ich, daß er eine Bibel hervorziehen, mir daraus vorlesen und zum Schluß empfehlen würde, öfter zur Kirche zu gehen. Doch nichts von alledem! Er blieb nachdenklich sitzen, dann sah er mich an: ›Und nun?‹

Es schien eine seltsame Frage, doch plötzlich hörte ich mich sagen: ›Was nun? Was nun?‹ und dann: ›Ich weiß, was mir fehlt – ich brauche Gott.‹ Ich war bestürzt, denn diese Worte paßten so gar nicht zu mir.

Da antwortete der Pfarrer: ›Vielleicht! Ich glaube, wir alle brauchen Gott. Wir Menschen tragen ungestillte Sehnsüchte in uns, und die größte ist die Sehnsucht nach Gott.‹ Und dann verabschiedete er sich: ›Wenn Sie weiter darüber sprechen möchten, rufen Sie mich an.‹ Ich blieb sitzen und dachte lächelnd: ›Welch ein Verkäufer! Er läßt mich seiner Ware nachlaufen; er weiß, daß ich kaufen werde.‹

Einige Tage später suchte ich den Pfarrer auf, und er empfahl mich einem seiner Bekannten mit den Worten: ›Lernen Sie diesen Mann kennen. Er hat, was Sie suchen.‹

Ich setzte mich mit ihm in Verbindung und wurde auf den nächsten Tag zum Mittagessen eingeladen. Außer ihm waren noch einige andere Männer anwesend. Auf den ersten Blick wirkten sie keineswegs außergewöhnlich, doch bald spürte ich, daß sie von einer mir fremden Begeisterung getragen wurden. Die Stimmung, die sie schufen, begann mich zu erfassen. Nach dem Mittagessen tauschten sie Erlebnisse und Erfahrungen aus. Sie schilderten, wie sie in ihren geschäftlichen und privaten Beziehungen ›tätiges Christentum‹ übten, und ich sah, wie frei und gelöst diese Männer waren. Ich wurde mir bewußt, daß ich diese innere Freiheit und Gelöstheit gesucht hatte, und ich fand sie, indem ich mich diesen Männern anschloß. Das ist alles. Ich hätte Ihnen die Geschichte nicht erzählt, wenn Sie mich nicht danach gefragt hätten.«

Nach einer kurzen Pause antwortete Harry: »Das ist ja nichts anderes als die alte, einfache christliche Lehre in einem neuen Gewand. Sie sollten aber einmal die Kirche sehen, der ich angehöre. Ich gehe fast nie hin.

Sie ist leblos und verstaubt, und der Pfarrer ist es ebenso. Ich kann ihn nicht anhören, und die übrigen Gemeindemitglieder offenbar auch nicht. Kaum eine Handvoll gehen jeweils am Sonntag zum Gottesdienst. Unser Pfarrer braucht das, wovon Sie gesprochen haben, das ist sicher.«

»Gut, dann bemühen Sie sich darum und geben es an ihn weiter! Vielleicht sucht auch er, ohne es zu wissen. Seine leblose Religion kann ihn doch auch nicht glücklich machen.«

»Das können Sie mir nicht zuschieben«, brummte Harry. »Ich habe keine Lust, Missionar zu spielen für einen ›Gott-ist-tot‹-Pfarrer. Ich muß an mich selber denken.« Aber später sann er nach: »Vielleicht ist Gott tatsächlich die Antwort auf meine Probleme. Warum nicht? Ich kam nach New York, um mich wieder einmal für einige Tage von allem zu lösen, statt dessen stehe ich nun mitten in etwas Neuem, das mich nicht losläßt.«

Und obwohl ihn dieser Gedanke irritierte, faßte er den bedeutsamen Vorsatz: »Von nun an soll Gott der Mittelpunkt meines Lebens sein.«

Das war leicht gesagt, aber würde es ebenso leicht getan sein? Doch auch bei Harry Simpson traf die seltsame und beruhigende Tatsache zu, daß wunderbare Dinge geschehen, sobald ein Mensch, bewußt oder unbewußt, nach geistiger Verjüngung strebt und ehrlich daran zu arbeiten beginnt. Der Wechsel in Harrys Leben kam nicht plötzlich, nicht einmal besonders rasch. Aber die Veränderung hatte begonnen und dauerte an, und allmählich lernte seine Umgebung einen neuen Harry Simpson kennen.

Einige Monate später erzählte mir einer seiner Golf-
partner: »Harry Simpson ist der beliebteste und am
meisten geachtete Mensch weit und breit. Es ist kaum
zu glauben, welche Veränderung mit ihm vorgegangen ist.«

»Und worauf führen Sie das zurück?« fragte ich.

»Auf seine lebhafte, an ihm früher nicht gekannte
Begeisterungsfähigkeit. Dabei ist er keineswegs ver-
schroben – bewahre! Ich halte ihn sogar für den
scharfsichtigsten Geschäftsmann in der ganzen Stadt.
Aber seine Begeisterungsfähigkeit und seine darauf
beruhende Selbstsicherheit strahlen eine unwahrscheinliche Kraft aus. So kannten wir ihn früher
nicht«, schloß er gedankenvoll.

Ich erwähnte Harrys Fall, weil sehr oft religiöse Ein-
flüsse mitspielen, wenn ein Mensch von Begeisterung
gepackt wird. Daneben können aber auch unzählige
andere Einwirkungen Begeisterung hervorrufen. Harry Simpson verlor seine »Was-kümmert's-mich«-Hal-
tung, als die Begeisterung in ihm die Oberhand gewonnen hatte. Diese neue Gabe und seine bisherige
negative Einstellung waren unvereinbar.

Begeisterung – die wahre Würze des Lebens

Ich weiß nicht, ob der Schriftsteller John Kieran religiös ist, aber daß er nicht auf der Seite der Unbeteiligten
steht, machen einige seiner Äußerungen über die Begeisterung deutlich: »Der englische Dichter William
Cowper vertrat die Ansicht, Abwechslung sei die
wahre Würze des Lebens. Damit bin ich nicht einver-

standen, und wenn wir wissen, daß Cowper wegen einer Gemütskrankheit verschiedentlich in Heilanstalten war, dann sehen wir, was zuviel Abwechslung bewirken kann.

Ich meinerseits glaube, daß Begeisterung die wahre Würze des Lebens ist. Auch Emerson sagte: ›Noch nie wurde ohne Begeisterung etwas Großes vollbracht.‹ Als ich noch zur Schule ging, hörte ich David Starr Jordan, den Präsidenten der Stanford University, von einem Mann erzählen, der gesagt hatte, die beste Art, guten Kaffee zu machen, sei, einige Bohnen mehr hinzuzugeben. Und das war auch Dr. Jordans Rat, den er uns Schülern und künftigen Staatsbürgern mitgab. Ich höre ihn noch, wie er mit der Hand auf sein Pult schlug und sagte: ›Was immer ihr anpackt, geht mit Begeisterung dahinter! Gebt einige Bohnen mehr hinzu!‹

Vielleicht bin ich voreingenommen«, fährt Kieran weiter. »Denn ich bin immer voller Begeisterung für oder gegen etwas. Ein Begeisterter mag manchmal andern auf die Nerven gehen – aber er selber langweilt sich nie!«

Was John Kieran sagt, ruft einen Ausspruch des Historikers Arnold Toynbee in Erinnerung: »Gleichgültigkeit und Langeweile können nur durch Begeisterung überwunden werden, und am Anfang der Begeisterung stehen zwei Dinge: eine klare Vorstellung dessen, was man erreichen will, und ein wohldurchdachter Plan, wie man es erreichen wird.« Hier haben wir die Grundelemente der Begeisterung, nämlich den festen Wunsch, ein Ziel zu erreichen, das dazu erforderliche Denk- und Beurteilungsvermögen sowie den inneren Antrieb, der mit jeder Gleichgültigkeit und allem Zynismus aufräumt.

Jack London, dessen Bücher vor Jahren viele von uns begeisterten, sagt es so: »Lieber will ich zu Asche werden als zu Staub. Lieber soll mein Leben in einer hell lodernden Flamme verbrennen als in Fäulnis ersticken. Lieber möchte ich ein dem Untergang geweihter, aber strahlender Meteor sein, jedes Atom von leuchtendem Glanz, als ein ewig existierender, aber schlafender Planet. Unsere Aufgabe besteht nicht darin, zu existieren, sondern erfüllt zu leben, uns zu entwickeln.«

So viele Menschen wissen nicht, was Leben heißt; sie sind teilnahmslos und unglücklich; sie scheitern am Leben, statt sich in der ständigen Auseinandersetzung damit zu entwickeln; so vielen fehlt der innere Antrieb, der sie weiterbrächte. Und weshalb? Weil es ihnen an Begeisterung mangelt!

Mein Freund Alfred Krebs, der Besitzer des schönen Grand Hotel Regina in Grindelwald, sagte einmal zu mir: »Es gibt keinen Erfolg ohne Begeisterung. Begeisterung ist das Geheimnis eines erfüllten Lebens; sie erhält uns jung und läßt uns alle Hindernisse überwinden; sie macht uns erst wahrhaft glücklich.« Und Alfred Krebs hat recht – begeistert sein bedeutet erfüllt sein. Es stimmt mich immer wieder traurig, wenn ich sehe, wie viele Menschen bloß existieren, statt wahrhaftig zu leben. Denn für jene, die nicht bewußt leben, kommen und gehen die Tage in einem nicht enden wollenden Trott der Routine und der Mittelmäßigkeit. Henry Thoreau, einer der halbdutzend großen Denker, die am Beginn der geistigen Entwicklung unseres Landes standen, sagte: »Nur der Tag zählt, den wir wachen Sinnes erleben.«

Wie Begeisterung einen Menschen wieder aufrichtete

An einem Bankett, bei dem ich einen Vortrag zu halten hatte, kam ich neben den Gerichtspräsidenten der Stadt, einen lebhaften Mann von fünfunddreißig Jahren, zu sitzen. Im Verlauf des Abends wandte er sich mit den Worten an mich: »Es interessiert Sie bestimmt, zu hören, wie ein völlig geknickter Mensch wieder aufgerichtet wurde.«

»Sehr! Erzählen Sie mir bitte.«

»Patrick ist ein Polizeimann, der seit einiger Zeit im Gerichtsgebäude Dienst tut. Er ist einen Meter und fünfundachtzig Zentimeter groß, kräftig, ein richtiger Hüne. Lange Zeit leistete er hervorragende Arbeit, doch allmählich ging eine Veränderung mit ihm vor. Es war, als ob er jedes Interesse an seiner Arbeit und an seiner Umwelt verliere. Er ließ in jeder Beziehung nach und schleppte sich mühsam durch sein Tagewerk. Wir schickten ihn zum Arzt, und nachdem dieser ihn gründlich untersucht hatte, meldete er uns: ›Medizinisch ist mit dem Mann alles in Ordnung, aber seine Kraftreserven sind auf dem Nullpunkt, ebenso seine geistige Verfassung. Wenn die Körperkräfte nachlassen, dann läßt sehr oft auch die seelische Widerstandskraft nach, da Körper und Seele eine Einheit bilden. Irgend etwas muß diesen Mann geistig oder seelisch erschüttert haben; am besten lassen Sie ihn noch von einem Psychiater untersuchen.‹

Statt dessen«, fuhr der Richter fort, »beschloß ich, mir Patrick selber vorzunehmen. ›Wie geht es?‹ fragte ich ihn, und er gab mir zur Antwort: ›Nun, Herr Präsident, ich habe ein paar persönliche Schwierigkeiten, aber sie werden mich schon nicht niederdrücken. Es scheint, als ob ich nicht mehr überaus große Kraftreserven habe. Ich glaube, das Leben ist im Moment etwas zu schwer für mich. Ich schäme mich, daß ich so weich bin.‹ – ›Hier, Patrick‹, antwortete ich ihm, ›ist ein Buch. Es ist zwar ein Buch mit einer religiösen Grundhaltung, aber es ist klar und verständlich geschrieben – kein moralisierendes Zeug! –, und ich glaube, es könnte Ihnen helfen. Nehmen Sie es heute abend mit nach Hause, lesen Sie das erste Kapitel, und denken Sie darüber nach. Morgen früh werden wir uns darüber unterhalten.‹

An jedem der folgenden Tage unterhielt ich mich nun mit Patrick über ein weiteres Kapitel, bis er das ganze Buch gelesen und mit mir durchgesprochen hatte. Zum Schluß bat ich ihn, mir in ein paar kurzen Worten zu sagen, was das Buch ihm gegeben habe.

Patrick zögerte keinen Moment: ›Das Buch versichert, daß ein Mensch alle seine Schwächen überwinden kann, wenn er sein Leben in Gottes Hand legt. Und das werde ich nun tun.‹

›Das ist genau das, was ich von Ihnen erhofft und erwartet habe, Patrick. Am besten halten Sie sich dabei an die Richtlinien, die das Buch gibt. Sie sind für Sie ebenso gültig wie für andere. Das Buch hat schon vielen Menschen geholfen.‹«

»Und was geschah?« erkundigte ich mich gespannt.

»Nun, die Botschaft kam an. Patrick machte sich

daran, die geistigen Grundsätze des Buches zu verarbeiten; ich verschaffte ihm auch weitere Bücher und Zeitschriften, die ihn dabei unterstützten. Und heute kann ich sagen, daß er seine Schwierigkeiten überwunden hat; er ist kein geknickter Mensch mehr. Obwohl er noch einiges über schöpferische Geisteskraft als eine der Quellen des wahren Lebens zu lernen haben wird, freue ich mich doch täglich über die Begeisterung, die jetzt aus ihm spricht. Und da er begierig ist zu lernen, bin ich voller Vertrauen, daß er seinen Weg finden wird«

Als ich am nächsten Morgen in meinem Hotelzimmer beim Frühstück saß, drehte ich den Fernsehapparat an. Im Lokalsender unterhielten sich drei Polizisten über eine bevorstehende Sicherheitswoche. Einer von ihnen war ein großer, lebhafter Mann, und er schilderte begeistert, wie wundervoll das Leben sei und wie wichtig Sicherheitsvorkehrungen seien, um dieses Leben zu schützen. Aus der Art seiner Gedanken und aus der Begeisterung, mit der er sprach, schloß ich, daß es sich um den Mann handeln müsse, von dem mir der Richter erzählt hatte. Und tatsächlich war er es. Ich erlebte einen wunderbaren und überzeugenden Beweis, welche Veränderung mit einem Menschen vorgehen kann, wenn er von Begeisterung erfüllt wird.

Echte Begeisterung vollbringt in jedem Bereich unseres Lebens Unwahrscheinliches, in unserer Arbeit, unseren Beziehungen zur Familie und zu Freunden, unserer ganzen Lebenseinstellung.

4. Kapitel

Wohlstand und Lebensfreude

Ich muß zugeben und tue dies ganz gern, daß mein Wohlergehen und meine Lebensfreude zu einem großen Teil auf eine gute Ehe zurückzuführen sind.

Eine schlechte Heirat bringt jedem, sei es Mann oder Frau, einiges Kopfzerbrechen. Eine gute Ehe andererseits erfüllt dein Leben mit Freude und Wohlergehen.

Es wird von vielen Männern behauptet, daß sie außerordentlich erfolgreich wären, hätten sie nicht zu Hause eine an allem herumnörgelnde, jammernde und zu keinem Selbstopfer bereite Frau. Das Gegenteil trifft allerdings auch zu. Manch eine Frau würde viel zum Wohlergehen ihrer Familie beitragen, wenn ihr unausgeglichener und unfähiger Ehemann sie nicht daran hinderte.

Wenn zwei Menschen, Mann und Frau, loyal zusammenstehen und ihre Ehe auf geistigen Prinzipien aufbauen, dann verfügen sie über eine der besten Rückversicherungen für Erfolg und Glück im Leben.

Meine Frau und ich entschlossen uns schon zu Beginn unserer Ehe, als »Team« zu handeln, jedes nach bestem Wissen und Gewissen, zum Besten unseres gemeinsamen Unternehmens, wobei die schwachen

Stellen des einen durch entsprechende Stärke des anderen gegenseitig ausgeglichen werden sollten. Wir hielten auch darauf, unsere Lebensgemeinschaft auf Gott zu stellen, denn wir wußten, wie die Bibel zutreffend sagt, daß, so der Herr nicht Baumeister ist, jene vergebens bauen.

Die Hauptstütze der Familie Peale ist Ruth, meine Frau. Sie war von jeher eine unerschütterliche Optimistin. Bei unserer Heirat war sie erst dreiundzwanzig Jahre alt, aber sie war geistig so reif, daß sie schon damals die Gewißheit hatte, daß Gott für uns sorgen würde, wenn wir unser Leben vertrauensvoll in seine Hände legten, ihm aufrichtig dienten, das Arbeiten nicht vergessen und allen Menschen Liebe entgegenbringen würden.

Für sie war diese Gewißheit keine Theorie. Sie war ihr so selbstverständlich wie das Atmen. Und so lebten wir denn auch mit dieser Überzeugung, denn es war nicht nur einer ihrer fundamentalen Glaubenssätze, sondern es blieb uns gar nichts anderes übrig. Was mich betraf, so hegte ich damals noch Zweifel an dieser Konzeption, denn ich war der Ansicht, daß Gott nur jenen helfen würde, die sich selbst zu helfen wußten. Ja, ich war überzeugt, daß man die Hilfe Gottes am besten dadurch sicherstellen konnte, indem man die Dinge selbst in die Hand nahm. An der Theologischen Fakultät hatte ich nichts von dieser einfachen Art des Glaubens gehört. Über den vertrauensvollen Gottesglauben naiver Seelen, die Gottes Hilfe auch im praktischen Leben suchten, zuckte man die Achsel. Man sah überhaupt kein Element des Wunders in der Religion. Hauptsache war ein ethisch ausgerichtetes Christentum, welches dazu dienen sollte, die Allerweltsheilmittel gewisser Menschheitsverbesserer zu fördern. Dies betrachtete man als »intellektuell tragbare« Religion. Es waren flotte Leute, die dort lehrten und studierten. Viele davon kamen aus schlichtem Elternhaus. Sie spürten zwar einige Sehnsucht nach dem unkomplizierten Glauben ihrer Väter, waren aber bereits so sehr im religiösen und soziologischen Intellektualismus befangen, daß sie Gottes Hilfe für einen Menschen, wenn diese auch nur den Anflug des Übernatürlichen hatte, als reaktionär darstellten. Selbstverständlich war auch ich diesem »intellektuellen« Standpunkt völlig ergeben. In dieser Beziehung hatte Ruth ihre liebe Mühe mit mir.

Ihr Glaube war echt und lauter. Erinnern wir uns, daß Glaube die Substanz des Unsichtbaren ist. Genau so war es in unserem Fall. Ruth hatte zu Beginn unserer Heirat zum Haushalten schrecklich wenig in den Händen. Eine Zeitlang war sie dem College ferngeblieben, um in einem Unternehmen für ihren älteren Bruder zu arbeiten, damit er sein Studium beenden konnte. Nachher nahm er eine Arbeit an, um ihr die Mittel für das College zur Verfügung zu stellen. Nachdem sie ihre Abschlußprüfung bestanden hatte, nahm sie eine Stelle an, um auch noch ihrem jüngeren Bruder ein Studium zu ermöglichen.

Als Pfarrer in Syracuse hatte ich ein anständiges Gehalt, doch mußte ich die Schulden aus meinem eigenen Studium zurückzahlen und gleichzeitig noch meinem jüngeren Bruder das College ermöglichen. Ich arbeitete mich durch die Seminarien, indem ich nebenbei noch in der Kantine bediente und so wenigstens keine Auslagen für die Mahlzeiten hatte.

Selbstverständlich hatte ich bei unserer Heirat nichts Erspartes. Wir begannen unsere Ehe denn auch ziemlich mittellos. Ich erinnere mich noch gut, wie ich in der Zeit der Weltwirtschaftskrise zu Beginn der dreißiger Jahre völlig pleite im Park auf und ab ging. Ich war der Verzweiflung nahe. Aber Ruth beeindruckte das gar nicht. »Gott wird für uns sorgen«, besänftigte sie mich, »fahren wir fort, Ihm zu dienen und zu vertrauen. Er wird uns mit Eingebungen versehen, mit Ideen, aus denen wir konkrete Pläne schaffen können.«

Nun, seither sind mehr als fünfzig Jahre vergangen, und wir mußten nicht auf eine einzige Mahlzeit verzichten, obschon uns dies wahrscheinlich auch nichts geschadet hätte. Wir haben immer schön gewohnt, haben immer alles Notwendige gehabt und sogar noch etwas zusätzlichen Komfort. Wir haben drei Kinder erzogen und sie ausbilden lassen; mit keinem hatten wir je Schwierigkeiten, im Gegenteil lauter Freude. Wir sind weit herumgereist. Wir haben außerordentliche Gelegenheiten erhalten, andern zu dienen, und sind mit der Freundschaft und Liebe vieler gesegnet worden. Ruth hat recht bekommen. Gott hat sich wirklich unser angenommen. Wir haben auch einen gewissen Wohlstand errungen und glücklich gelebt, obwohl wir auch harte Schläge erlitten. Schon lange bin ich auf Ruths Glauben an Gottes Fürsorge eingeschwenkt. Es blieb mir nichts anderes übrig, denn ich erlebte diese Fürsorge nicht nur in eigener Erfahrung, sondern auch im Leben von Hunderten von Menschen.

Wahrscheinlich war sich Ruth zuerst gar nicht bewußt, daß sie auf eines der größten Gesetze, die es gibt, gestoßen war. Es ist das Gesetz der Versorgung. Weder sie noch ich hatten je etwas davon gehört. Erst viele Jahre später sprach Dr. Frank Boyden, Schuldirektor der Deerfield Academy – einer außergewöhnlichen Privatschule für Knaben –, davon. Dr. Boyden hatte sein Institut sozusagen aus dem Boden gestampft. Heute gehört es zu einem der besten auf dem Gebiete der Erziehung.

»Wie haben Sie das fertiggebracht?« fragte ich ihn voller Bewunderung, als er mir eines Tages erzählte, in welchen Schwierigkeiten sie oft gesteckt hatten und daß sie mehrmals nahe am Bankrott vorbeigegangen waren.

»Ganz sicher hatte uns die Bank schon hundertmal abgeschrieben, aber immer wieder fanden sich die benötigten Mittel. Oft ging es hart auf hart. Aber wir fanden immer wieder Unterstützung.«

»Aber wie?« wollte ich wissen.

»Nun, durch das Gesetz der Versorgung«, antwortete er mir voller Vertrauen. »Ich tat etwas, was Gott vollbracht haben wollte – ich erzog Knaben zu Männern. Ich gab mein Bestes. Ich folgte Gottes Wille. Ich legte alles in Seine Hände. All das stimulierte das Gesetz der Versorgung, und es wirkt auch jetzt noch.«

Als Ruth und ich von Deerfield wegfuhren, wiederholte sie immer wieder: »Das Gesetz der Versorgung! – Das ist ja, was ich mein Leben lang angewandt habe. Ich wußte nie einen Namen dafür – aber das muß es sein.« Und vor Ehrfurcht ergriffen: »Norman, das ist unser großes Lebensgeheimnis.«

»Deines, Liebling«, wandte ich ein, »aber ich hoffe, eines Tages auch hundertprozentig dafür einzutreten, so wie du.«

Es war für mich nicht leicht, an das Gesetz der Versorgung zu glauben und es anzunehmen. Noch heute, da ich diese Zeilen schreibe, muß ich eingestehen, daß ich es bisher nicht vollkommen angewandt habe. Glücklicherweise tut Ruth es für mich. Daran, daß es existiert und wirklich »funktioniert«, hege ich nicht den kleinsten Zweifel. Es ist für mich absolute Gewißheit.

Nun, wie arbeitet das Gesetz der Versorgung? Wie schafft es Wohlstand, Wohlergehen, schöpferische Ideen, ein glückliches Leben?

Dazu braucht es erstens die absolute, unerschütterliche Überzeugung, daß die Versorgung immer ausreichend sein wird, nicht unbedingt überbordend, aber immer ausreichend.

Zugegeben, es ist nicht leicht, zu dieser Überzeugung zu gelangen, besonders wenn du deine Lage schon lange pessimistisch beurteilst. Mit dieser negativen Betrachtungsweise müssen wir uns zuallererst befassen. Du mußt ein unerschütterlicher Optimist werden. Es lohnt sich, das kann ich versichern.

Wenn ich in London bin, dann gehe ich immer die Fleet Street hinunter und durch eine kleine Gasse zum »Old Cheshire Cheese«, einem sehr alten Gasthaus, das Tausenden von amerikanischen Touristen bekannt ist. In einer Ecke ist der berühmte Tisch, an dem Dr. Samuel Johnson jeweils seine Mahlzeiten einnahm und dabei seine Freunde mit seinen scharfsinnigen Bemerkungen und seiner Weisheit bedachte. Eines Tages diskutierte die Gruppe den schädlichen Einfluß einer gedrückten Stimmung. Indem Johnson mit seinen Fäusten auf den Tisch klopfte, erklärte er: »Zuversicht ist im Jahr mindestens 1000 Pfund wert.« In unseren Geldeinheiten ausgedrückt, macht das fast 3000 Dollar. Soviel gewinnen wir, wenn wir uns eines bedrückten Gemüts entledigen.

Vergiß nie, daß Bedrücktheit den Wohlstand vertreibt. Wohlstand verträgt sich nicht mit einem Gemüt, das nicht bereit ist, ihn zu empfangen, das von Schatten und Zweifel geplagt ist; denn Zweifel neigen dazu, sich in zweifelhaften Resultaten zu manifestieren und fortzupflanzen.

Diese Erkenntnis wächst durch beständige Anwendung zur Überzeugung, daß das Gesetz der Versorgung in uns arbeitet. Natürlich garantiert die Überzeugung allein den Erfolg noch nicht, aber man kann sagen, daß die anderen wesentlichen Faktoren, die zum Funktionieren dieses Gesetzes notwendig sind, ohne diese Überzeugung nicht spielen.

Wenn diese Überzeugung einmal in uns verankert ist, dann ist es nicht mehr notwendig, kostbare Energie mit Aufregungen und Angst zu vergeuden. Wir können mit sicherer Gewißheit unserer täglichen Arbeit nachgehen, wissend, daß alles nur zu unserem Besten und zum Besten aller dient, die mit uns zu tun haben. Damit wirst du schöpferisch tätig. Diese Kraft wird sich gewaltig auswirken. Du wirst nicht mehr Mißerfolg ernten – oder sagen wir, nicht mehr so viel.

Während ihrer College-Zeit mußte Ruth sehr sparsam sein. In ihrem Studentinnenheim wurde sie sozusagen als geborene Geschäftsfrau zur Hausvorsteherin gewählt. Dadurch erhielt sie freie Verpflegung und Unterkunft. Sie hatte eine wundervolle Zeit – praktisch kostenlos.

Eines Tages bemerkte sie, daß sie gerade noch über 37 Cent verfügte. Sie hatte keine Ahnung, woher noch mehr kommen sollte. Doch sie war nicht bekümmert, sie lebte ja nach dem Gesetz der Versorgung, des Wohlstandes. An jenem Abend schrieb sie wie jede Woche nach Hause, und wie immer war ihr Brief voller Zuversicht. Rein zufällig erwähnte sie, daß sie wahrhaft reich sei, denn sie verfüge noch über 37 große Centstücke. Doch kümmere sie das gar nicht, sie hätte schon weniger gehabt.

Nun war »rein zufällig« ihr Bruder in diesem Moment zu Hause und sah ihren Brief. »Komisch«, meinte er, »kürzlich dachte ich daran, Ruth ein bißchen zu helfen. Scheint mir, daß es jetzt Zeit dazu ist.« Wenige Tage später erhielt sie von Bruder Chuck 75 Dollar. Sie nahm sie mit großer Selbstverständlichkeit an. »Was soll ich mit 75 Dollar anfangen?« fragte sie. Nun, ich weiß, was sie damit tat. Für einen Teil kaufte sie sich notwendige Gebrauchssachen, den Rest sparte sie. Meine Frau ist eine glückliche Mischung von religiösem Vertrauen und Geschäftssinn.

Erst vor kurzem machte mich Ruth darauf aufmerksam, daß das Gesetz der Versorgung immer noch funktioniere, wobei sowohl unsere Ansprüche wie auch das Einkommen etwas größer sind als damals zur Zeit der 37 Cent. Ruth mußte gerade Checks für einige hundert Dollar ausstellen. Sie führt die Bücher, macht die Zahlungen und befaßt sich auch mit den Steuern.

Nun, an jenem Tag reichte unser Konto nicht aus, um allen Anforderungen zu genügen. Sie hätte sich von unserem Ersparten die Mittel beschaffen können. Aber wenn man das tut, dann ist es eben nicht mehr Erspartes. Zudem fand sie, daß sie das mit mir besprechen sollte, wollte mich aber nicht stören, da ich gerade an diesem Buch arbeitete. Voller Vertrauen stellte sie sämtliche Checks aus, legte sie aber noch nicht der Post bei. Sie wußte, daß am kommenden Morgen etwas unternommen werden mußte. Erfreut, aber nicht überrascht, entnahm sie der Morgenpost einen Check für ein Guthaben, das wir noch ausstehend hatten. Nun fehlten nur noch wenige Dollar für die Deckung. Es war eine neue Form der alten 37-Cent-zu-75-Dollar-Gleichung. Die Summe war größer, aber das Prinzip blieb sich gleich.

Einer meiner Freunde, der von diesem Prinzip ebenfalls fest überzeugt ist und mich im Laufe der Jahre oft inspirierte, ist Eugen, ein Züchter von Blumenzwiebeln auf den Bermudas. Eugen ist ein dynamischer, völlig Gott zugewandter und demütiger Schüler Christi. Seit Jahren »hält« er in unserer Kirche die Osterpredigt, indem er jeweils bis über siebentausend Lilien von den Bermudas nach New York City fliegen läßt, damit sie darauf am Ostermorgen in ihrer ganzen Pracht unseren Gottesdienst verschönern.

Eugen praktiziert das Gesetz der Versorgung in seinem Privat- und Geschäftsleben. Er hat die Gnade, an Wunder zu glauben. Über die Wirkung dieses außerordentlichen Gesetzes erzählte er mir:

»Ich verlor mein Geschäft und mußte wieder von vorne anfangen. Eines Tages erhielt ich einen Sichtwechsel zum Einlösen über 287.60 Dollar, aber ich hatte kein Geld in den Händen. Überzeugt, daß Gott jenen hilft, die sich selber zu helfen wissen, machte ich mich hinter meine Bücher, schaute mir die Konten an und begab mich auf den Weg, um noch einige Forderungen einzukassieren. Mittags kam ich müde nach Hause. Ich hatte nicht einen Cent erhalten können. Daraufhin schlug meine Frau vor, daß wir Gott die ganze Sache überlassen sollten, was wir denn auch taten.

Jenen Abend, um etwa 8 Uhr 30, bekam ich einen Telefonanruf aus einem großen Hotel. Es wollte mich jemand in einer geschäftlichen Sache sprechen. Eine halbe Stunde später war ich am Ort, wo mich die liebenswürdige Frau jenes Herrn empfing, der selbst im Rollstuhl saß. Er dankte mir, noch zu so vorgerückter Stunde gekommen zu sein. Er habe einigen Freunden noch Blumen zu schicken. Ob ich seine verschiedenen Aufträge wohl annehmen könnte? Und schließlich: ›Zählen Sie es doch bitte zusammen, damit ich Ihnen sofort einen Check ausstellen kann.‹ Jenen Abend fuhr ich mit neu gestärktem Glauben nach Hause. Ich hatte einen Check über 286 Dollar in den Händen, nur 1.60 Dollar weniger, als der Sichtwechsel vom Morgen betrug.

Ein andermal brauchte ich 4000 Dollar für mein Geschäft. Ich schrieb Briefe und sandte Telegramme an Kunden, an die ich noch Forderungen hatte, allein ohne Erfolg. Etwa zwei Wochen später, als ich immer noch um Hilfe betete, erhielt ich einen Check über 800 Pfund, sozusagen den Betrag, der mir fehlte. Das Geld kam aus England, zum Ausgleich eines Kontos, das ich bereits abgeschrieben hatte – aber Gott nicht.«

Ich bin mir klar darüber, daß diese Philosophie angezweifelt und oft angegriffen wird, und wenn der Leser sie nicht wahrhaben will, dann sage ich »meinetwegen«! Aber ich habe dieses Prinzip so oft funktionieren sehen, sowohl im Leben meiner Frau wie bei anderen Leuten, daß ich mich entschloß, selbst danach zu leben. Ich verstehe nicht viel von Naturgesetzen, aber ich lebe dennoch dementsprechend. Diese Welt ist durch einen großzügigen Gott geschaffen worden, der sicher nur das Beste für seine Kinder will.

Er sorgt für uns, für alles, dessen wir bedürfen, so wir uns im Einklang mit Ihm und Seinem Vorgehen befinden. Dies soll kein Ratschlag sein, wie man reich werden kann. Das Verlangen nach Reichtum unterbindet die Beziehung zum geistig Guten. Hier arbeitet das Gesetz nicht. Wohl mag das Versorgungsprinzip zu einer beachtlichen Geldanhäufung führen, doch wäre es in diesem Fall auf Kosten der grundlegenden Segnung, und das Endergebnis könnte sich sehr wohl gegen uns richten.

Das Gesetz der Versorgung kann nicht beabsichtigen, einen Überfluß an materiellen Gütern zu erzeugen, es sei denn, es gehe damit auch eine geistige Führung über seine Verwendung einher. Unsere Verantwortung für diese Verwendung liegt in der Übereinstimmung mit unserem Erkennen von Gottes Willen. Du magst alles Geld ergattern, dessen du habhaft werden kannst, und ein Leben ohne Sorge um die geistigen Werte führen. Du magst schön für dich sorgen und es dir dabei eine Zeitlang gut sein lassen, ohne daß du merkliche Probleme hast, aber eines versichere ich dir wahrhaftig – Gott zahlt jedesmal zurück. Manchmal nicht sofort, aber einmal tut Er es. Mit anderen Worten, wenn du das Gesetz der Versorgung seines geistigen Gehalts beraubst, dann nimmst du etwas an, das dir gar nicht bekommen wird.

Es ist nichts Schlechtes dabei, Geld zu besitzen, solange das Geld nicht dich besitzt. Aber wenn du in den Händen Gottes bist, dann kann dir nur daran gelegen sein, es für gute Zwecke auszugeben und zirkulieren zu lassen. Zusätzlich zum Geld wirst du dann noch eine Fülle von Segnungen empfangen dürfen, und du wirst sowohl das materielle wie auch das geistige Geschehen um dich herum positiv beeinflussen und die Räder der schöpferischen Tätigkeit in Gang halten. Kurz gesagt: Ich bin der Ansicht, daß Geld, welches ohne oder fast ohne Berücksichtigung des Willens Gottes gehandhabt wird, sich schlecht auswirkt. Anderseits betrachte ich Geld, das mit Verantwortung gehandhabt wird, als gutes Geld, das weiterhin ausreichend fließen wird im Rahmen der notwendigen Versorgung.

Ich habe tatsächlich einigen Leuten helfen können, über mehr Geld zu verfügen. In vielen Fällen gelang dies, indem ich sie lehrte, Geld zu spenden. Es ist unmöglich, hier all die Fälle aufzuzählen, in denen mir die Leute etwa nachfolgende bedeutungsvolle Schilderung gaben:

»Ich war zu Beginn ängstlich, Geld auszugeben in dem Maße, wie Sie es vorschlugen, aber so komisch es auch scheinen mag, je mehr ich ausgab, um so mehr hatte ich.«

Eine Stenotypistin erklärte mir: »In dem Maße, wie ich mehr ausgebe, füllt sich meine Brieftasche um so mehr. Ich weiß nicht, wie das geht, aber ich war noch nie glücklicher in meinem Leben.« Wie recht doch diese Frau hat. Eines Tages kam auch der Mann, von dem sie geträumt hatte . . . Als ich die beiden traute, erklärte mir ihr Gatte: »Irgend etwas in ihr erwischte mich. Sie ist eine unwahrscheinliche Frau.« Recht hat er schon, aber ich erinnerte mich noch, daß sie als Kind früher eher langweilig war, bis sie sich selbst und das Geld Gottes Willen überließ. Seltsam, je mehr man gibt, um so mehr kommt zurück, wenn auch nicht immer in Form von Geld.

Manchmal kommt es in Form größerer Werte zurück, aber nur mit soviel Geld, um gerade die Bedürfnisse zu decken. Meine Schwiegermutter zum Beispiel kam aus einer typisch kleinstädtischen Kirchengemeinde in Kanada. Sie heiratete einen jungen Pfarrer. Sein Leben lang hatte er nur kleine Kirchen betreut. In seinen späteren Lebensjahren arbeitete er bei Ford in Detroit und predigte am Sonntag. Heute ist seine Kirche eine der größten des ganzen Gebietes.

Großvater und Großmutter Stafford mußten sich immer gewaltig anstrengen, um einigermaßen durchzukommen. Das Gesetz der Versorgung brachte ihnen nur wenig, aber doch genügend Geld. Doch habe ich selten Leute gesehen, die so mit Segnungen bedacht wurden.

Großvater und Großmutter Stafford besaßen die Zuneigung vieler Leute, denen sie liebevoll und schöpferisch behilflich waren. Sie hatten immer, was sie benötigten. Ich fragte unsere Großmutter, ob sie an das Gesetz der Versorgung glaube. Der Ausdruck war ihr neu, doch als ich ihr die Bedeutung erklärte, strahlte sie und meinte: »Du meinst Gottes großzügige Güte. Ich habe in einem ständigen Regen von Segnungen gelebt. Selbstverständlich glaube ich an das Gesetz der Versorgung. Und was für eine gute Bezeichnung das ist.«

Dann ist hier noch von meinem alten Freund Ralph Rockwell zu berichten. Vor ungefähr zwanzig Jahren kaufte ich mit Ruth eine kleine Farm in Duchess County, New York. Ralph Rockwell war gut an harte Arbeit gewöhnt. Er war Metzger und Milchmann gewesen und wollte nunmehr unsere Farm überwachen. »Ich bin von eurer Art«, meinte er zu uns, und wir wußten sofort, daß er recht hatte.

Von da an bearbeitete er die Farm, wie wenn es seine eigene wäre. »Ich kümmere mich um die Farm, sorgen Sie für das Gebet«, forderte er mich auf. Obschon ich nicht allzuviel vom Beten verstehe, so verstehe ich noch weniger von der Landwirtschaft und stimmte deshalb seinem Vorschlag zu.

Dann, im Laufe der Jahre, wurde die Arbeit für Mr. Rockwell zu viel, und sein Sohn Elliot trat an seine Stelle. Auch er ist mein Freund geworden. Wenn ich ein Stück köstlichen Schokoladenkuchen will, dann begebe ich mich in Mrs. Ralph Rockwells Haus. Diese liebevolle Mutter verabschiedet uns in der Regel mit einem Kuß – und einem Kuchen.

Sie haben ihr ganzes Leben lang nach Gottes Versorgungsgesetz gelebt, und so wie früher nehmen sie auch heute noch eine Fülle von Segnungen entgegen.

Wir dürfen also nicht in den Fehler verfallen, Wohlergehen notwendigerweise oder üblicherweise in Geldeinheiten messen zu wollen. Eine alte Hymne gibt wahrscheinlich die beste Definition dafür: »Und es wird eine Fülle von Segnungen unseres Vaters auf uns kommen.« Hier liegt das Geheimnis für Wohlergehen und Glück. Es ist die unerschütterliche Überzeugung, daß sich Gott derer, die Ihn lieben und Ihm vertrauen, annimmt. Und Er tut es wahrhaftig.

Das soll nun aber nicht heißen, daß wir dadurch von Anstrengungen, Schwierigkeiten, ja auch Bedrängnis verschont werden. Wir müssen uns darüber klar sein, daß wir nicht das Süße im Leben allein haben können. Das Bittere gehört mit dazu. Durch die erforderliche Anstrengung wird die Lösung des Problems aber noch schöner. Hauptsache ist, daß der Anhänger der Philosophie des Versorgungsprinzips erfolgreich alle Schwierigkeiten meistert. Mag sein, daß er viele Schwierigkeiten zu überwinden hat. Aber auf das Endergebnis kommt es an, und es darf beigefügt werden, daß das Leben dadurch viel Schönes offenbart. Man kann wohl sagen, daß der Weg des unerschütterlichen Optimisten oft schwierig ist, doch ihn zu begehen ist gut.

Zum ersten Schritt, den wir aus Überzeugung tun, immer genügend versorgt zu sein, kommt noch ein weiterer: Denke nie an Mangel, und sprich nie davon! Emerson sagte, daß Worte lebendig sind. Wenn wir eines verletzen, so blutet es.

Georgina Tree West legt diesen Zusammenhang ausgezeichnet dar. Sie sagt: »Wenn wir über ein Ding denken, dann geben wir ihm eine Form; wenn wir darüber sprechen, dann schlägt sich das Wort in der Form nieder. Wir sollten keine Idee äußern, wenn wir nicht wollen, daß sie in unserem Leben Gestalt annimmt. Im Alten Testament«, fährt sie fort, »findet sich das Versprechen: ›Du sollst bestimmen und es wird geschehen.‹ Unser Wort ist wie eine Verordnung. Wenn wir sagen: ›Ich bin arm‹, dann verordnen wir uns Armut. Je mehr Wert wir auf diese Erklärung legen, desto ärmer werden wir auch tatsächlich. Unsere Worte sind Ausdruck unseres Gemüts.«

Mit andern Worten: Es ist unklug, Gedanken des Mangels nachzuhängen oder darüber zu sprechen. Wir laufen sonst Gefahr, tatsächlichen Mangel zu erwirken.

Charles Fillmore warnt uns: »Sage nicht, daß das Geld rar ist; diese Bemerkung wird das Geld wegschrecken. Sage nicht, die Zeiten seien schwierig; gerade diese Worte schnüren den Geldbeutel derart zu, daß nicht einmal Gott etwas hineinzugeben vermag. Du darfst nicht zulassen, daß auch nur ein Gedanke des Mangels in dein Gemüt eindringt. Fülle jeden Winkel, jede Ecke mit dem Wort genug, genug, genug.«

Leute, die sich der erstaunlichen Kraft der Gedanken nicht bewußt sind, finden diese Äußerungen vielleicht unglaubwürdig. Der Grund, weshalb Emerson den Ausdruck »bluten« im vorerwähnten Zusammenhang brauchte, besteht im Erkennen, wie die Gedanken, welche den Worten zugrunde liegen, für unsere Hoffnungen und Wünsche Leben und Tod bedeuten können. Gedanken und Worte des Mangels haben die Neigung, wirklichen Mangel zu erzeugen. Gedanken und Worte des Wohlergehens andererseits bringen uns auf die entgegengesetzte Seite – zum Wohlergehen. Kürzlich feierten wir das sechzehnjährige Bestehen unserer Zeitschrift »Guideposts«, der meistverbreiteten Zeitschrift zwischenkonfessioneller Art in Amerika. Die Redaktion besteht aus Juden, Katholiken und Protestanten. Die Auflage ist auf über eine Million Exemplare geklettert, und »Guideposts« wird monatlich von mehreren Millionen gelesen.

»Guideposts« hat sich nie mit Inseraten befaßt, die einzige Einkommensquelle ist das Bezugsabonnement. Zweck der Zeitschrift ist die Verbreitung von Erfahrungen, in denen Furcht, Mißerfolg und Niederlagen durch die Macht Gottes überwunden wurden. Im weiteren sollen die Möglichkeiten, welche der Freiheit Amerikas innewohnen, aufgezeigt werden.

Im Jahre 1945 war »Guideposts« nichts mehr als die Idee einiger weniger. Daß so eine Zeitschrift dringend nötig war, stand außer Zweifel; sie zu gründen schien weit schwieriger. Dazu brauchte es Kapital, erfahrene Mitarbeiter und ausgezeichnete Verlagsleiter. Wir hatten weder Geld noch Erfahrung, noch Redakteure. Alles, was wir besaßen, war die Idee, die Überzeugung, etwas Vertrauen – neben einem gewaltigen Durchsetzungswillen. So begannen wir mit dem »Magazin« als kleinem vierseitigem Blatt. Aber – die Artikel hatten Gewicht und waren lesenswert. Wir begannen mit dem astronomischen Betriebskapital von siebenhundert Dollar.

Langsam kletterte die Abonnentenzahl auf zwanzigtausend. Als Redaktionsräume und Druckerei diente ein Wohnhaus auf dem Quaker Hill in Pawling,

New York. Eines Nachts fiel das Haus und damit unsere ganzen Einrichtungen dem Feuer zum Opfer. Dazu gehörten auch die Subskriptionslisten, wovon wir dummerweise keine Kopie besaßen. Wir waren wirklich in einer verzweifelten Lage – ohne Druckerei, ohne Redaktion, ohne Abonnenten. Doch Lowell Thomas, in dessen Haus wir uns vorher eingerichtet hatten, erzählte unser Mißgeschick in seinem Radioprogramm und bat unsere Abonnenten, uns ihre Adressen nochmals bekanntzugeben. Unser Freund DeWitt Wallace vom »Readers Digest« schrieb einen Artikel über das gleiche Thema. Resultat: In kurzer Zeit hatten wir nicht zwanzigtausend, sondern vierzigtausend Abonnenten. Ein Feuer, das sich einmal gelohnt hatte!

Wir fuhren mit der Herausgabe ohne Unterbrechungen fort. Doch gefährdeten die stets steigenden Kosten unsere Zeitschrift zusehends. Die Rechnungen häuften sich. Unser Papierlieferant drohte, uns kein Papier mehr zu liefern. Die Lage wurde immer schwieriger. Wir machten uns nicht nur düstere Gedanken über unser Projekt, sondern wir äußerten auch Bemerkungen wie: »Auf diese Weise können wir nicht mehr lange durchhalten, es muß schiefgehen.« Zu jener Zeit waren wir alles andere als unerschütterliche Optimisten.

Wir suchten verzweifelt nach irgendeiner Unterstützung. Nur dank einiger Zuwendungen konnten wir die Maschinen in Gang halten. Aber wir lebten nur noch von der Hand in den Mund. Daraufhin berief ich eine Zusammenkunft des gesamten Mitarbeiterstabes ein. Die Leute waren entmutigt und enttäuscht. Du hast vielleicht auch schon an Sitzungen teilgenommen, welche unter ungünstigen Vorzeichen standen. Aber ich kann mir kein trüberes Treffen als das erwähnte vorstellen. Es wurden nur Schwierigkeiten angeführt. Was sollten wir mit dem Berg unbezahlter Rechnungen anfangen? Unser Magazin lag in den letzten Zügen. Nur noch ein Wunder konnte es retten.

Und genau das geschah. »Guideposts« wurde durch ein Wunder gerettet. Es war das Wunder neuer, frischer und schöpferischer Gedanken, welche unserem reaktivierten Geist entsprangen. Jener Vorfall gehört zu den großen Erfahrungen, welche ich bisher erleben durfte. An jenem Tag lernte ich etwas, was mein Leben sprichwörtlich änderte.

Wir hatten eine Dame zu dieser Zusammenkunft eingeladen. Sie hatte uns bereits einmal bei einer fast gleich verzweifelten Lage eine Zuwendung von 2500 Dollar gemacht. Wir hofften, dieser Blitz würde ein zweitesmal zünden. Sie hörte sich in aller Ruhe die düstere Voraussage des traurigen Endes unserer Zeitschrift an. Schließlich begann sie zu sprechen: »Ich habe den Eindruck, meine Herren, daß Sie von mir erwarten, daß ich Ihnen wiederum einen Zuschuß leiste. Nun, ich könnte Sie wohl aus der Misere ziehen. Aber, um Ihnen die Lage klarzumachen, Sie werden von mir keinen Cent erhalten, nicht einen einzigen Cent.«

Das half uns natürlich nicht, im Gegenteil, es sah alles noch schlimmer aus. Sie war für uns der letzte »Strohhalm« gewesen, an dem wir uns hätten halten können. Jetzt hatten wir auch den nicht mehr. Der Trübsinn umschloß uns förmlich.

Dann wurde diese Schwermut jedoch durch das helle Licht des schöpferischen Gedankens durchbrochen – ein Gedanke, der alles veränderte, denn er änderte uns selber. Die Frau fuhr fort: »Ich möchte Ihnen kein Geld geben, denn das könnte Ihnen nicht viel helfen in Anbetracht des trüben Gedankenbildes, von dem Sie alle beherrscht sind. Ich werde Ihnen aber etwas geben, das viel wertvoller ist als Geld.« Das erstaunte uns einigermaßen, denn im Moment konnten wir uns nichts Nützlicheres vorstellen als bares Geld.

Dann geschah das Wunder, welches unser Unternehmen rettete und das Leben einiger Leute seither revolutioniert hat. »Ich will Ihnen eine neue, dynamische und schöpferische Idee geben«, fuhr sie fort. »Damit können Sie Ihre Probleme lösen und die notwendigen materiellen Hilfsmittel erhalten.« Sie hielt, was sie versprach, glaube mir. Der Wohlstand setzte in der Folge ein.

»Schauen wir uns doch einmal die ganze Situation an«, sprach sie weiter. »Ihnen fehlt es an allem, oder nicht? Es fehlt Ihnen an Geld, an Maschinen, an einer genügend großen Zahl von Abonnenten, an Ideen, an Vertrauen. Sie befinden sich in einem Zustand des Mangels. Wissen Sie überhaupt, wieso Ihnen das alles fehlt?«

Daraufhin beantwortete sie ihre eigene Frage. »Sie haben ständig an Mangel gedacht und damit auch einen Zustand des Mangels erzeugt.« Zuerst fand ich dieses Argument sonderbar, als ich aber darüber nachdachte, mußte ich zugeben, daß es vernünftig war. Mangel litten wir, das war klar. Ebenfalls traf zu, daß wir nur an Mangel dachten, von Mangel sprachen, jammerten, daß wir dieses und jenes nicht tun konnten. Nur ungern mußten wir zugeben, daß sie recht hatte. Aber auch so war es noch schwer einzusehen, daß Gedanken des Mangels den Mangel zur Folge haben konnten. Dort drüben auf dem Tisch lagen nämlich all die unbezahlten Rechnungen. Man konnte die doch nicht einfach ignorieren.

»Nun, das genügt«, fuhr sie weiter. »Wir dürfen keine Minute länger an Mangel denken und darüber Worte verlieren. Schlagen Sie sich all Ihre negativen Gedanken aus dem Kopf.«

»Wie wollen Sie das fertigbringen?« wandte ich ein. »Man kann doch die Gedanken nicht durch ein Loch im Kopf wegspülen. Man kann doch den Gedanken nicht befehlen, einfach zu verschwinden.«

Sie starrte mich an: »Sie können alles mit Ihrem Gemüt machen, wenn Sie wirklich wollen. Plato sagte: ›Wache über dein Leben, du kannst damit machen, was du willst.‹ So befehlen Sie endlich über Ihr Gemüt, und sorgen Sie im Namen Gottes dafür, daß jene bösen Geister, Ihr falsches Denken, Sie verläßt. Beginnen Sie sofort damit, diese Gedanken auszumerzen.«

Etwa zehn Minuten lang saßen wir mäuschenstill da, jeder damit beschäftigt, »Mangelgedanken wegzuspülen«. Nebenbei gesagt, sollte man diese Operation jeden Tag machen und einige Minuten lang alte, müde und falsche Gedanken wegspülen. Entferne sie aus deinem Gemüt, sonst setzen sie sich fest und verhärten dein Bewußtsein.

»Nun«, meinte sie strahlend, »nun haben Sie Ihr Gemüt erleichtert. Das ist gar nicht verwunderlich«, fügte sie etwas boshaft bei, »denn schließlich ist ja all der Ballast von Mangelgedanken entfernt. Damit diese nicht wieder zurückschleichen, muß Ihr Gemüt schleunigst mit Gedanken des Wohlergehens gefüllt werden.«

Dann wandte sie sich mir zu: »Norman, wie viele Abonnenten brauchen Sie, um ›Guideposts‹ erfolgreich weiterführen zu können?« Ich überlegte schnell und sagte: »Hunderttausend sollten ausreichen.«

»Gut, so stellen wir uns zuerst einmal die hunderttausend Abonnenten in unserem Geist vor. Fragen wir uns aber zuerst noch, ob wir für dieses Projekt gebetet haben. Haben wir es Gott gewidmet und den Menschen zur Hilfe? Sind unsere Motive selbstlos und echt?«

Wir überlegten uns diese Fragen und bejahten sie alle. Wir müssen erkennen, daß etwas Falsches niemals gut werden kann. In falschen Ansichten und Beweggründen stecken keine guten Resultate. Man muß richtig beginnen, wenn die Sache richtig herauskommen soll.

Dann fuhr die Dame mit der dramatischen Behandlung unseres lethargischen Gemütszustandes fort: »Sie müssen die hunderttausend Abonnenten von ›Guideposts‹ sehen. Ja, ich meine wirklich: sie sehen. Sie müssen so lange schauen, bis Sie sie sehen, natürlich nicht mit den Augen, sondern in Gedanken.« Wir müssen einen komischen Anblick geboten haben, bemüht, uns hunderttausend Abonnenten vorzustellen, wo wir doch genau wußten, daß in unserem Mitgliederverzeichnis nur vierzigtausend vorhanden waren. Doch war das gewiß noch lange nicht so sinnlos, wie über unseren Mißerfolg nachzugrübeln.

Doch auf einmal erkannten wir tief in unserem Bewußtsein die große Zahl von Abonnenten, denen wir zu dienen und zu helfen hatten. Die ganze Sache war höchst erstaunlich. Wir sahen, wie sich die Zeitschrift entwickelte, um all diesen Leuten zu dienen. Ich vergaß mich selbst (genau was ich brauchte – das eigene geschlagene Ich zu vergessen) und rief ganz erregt aus: »Ich sehe sie, ich sehe sie!«

Sie schaute mich zustimmend an. »Ich glaube Ihnen. Wundervoll, daß Sie sie sehen. Nun, da wir sie sehen, haben wir sie ja. Beten wir, und danken wir Gott für die hunderttausend Abonnenten.« Darauf war ich nun allerdings nicht vorbereitet, aber da ich immer bereit bin, mit irgend jemandem zu irgendeiner Zeit zu beten, so betete ich denn mit.

Im stillen dachte ich, daß wir von Gott diesmal doch etwas viel verlangten. Sie dankte Gott in ihrem Gebet für die hunderttausend Abonnenten, für die Wende zum Erfolg und Wohlergehen, die Er uns zukommen ließ. Zum Schluß zitierte sie noch folgenden Ausspruch: »Was immer Ihr fragt und erbittet, so Ihr daran festhaltet, daß Ihr's erhalten werdet, so soll es Euch zufallen.«

Mit dem Gebet fertig, schaute ich um mich. Ich erwartete, alles anders vorzufinden – aber dort war immer noch der Berg unbezahlter Rechnungen auf dem Tisch. Halb hatte ich erwartet, sie wären verschwunden, durch ein Wunder bezahlt, aber sie waren noch dort. Alles blieb sich gleich, das heißt mit Ausnahme der Leute, welche um den Tisch versammelt waren. Sie waren nicht mehr die gleichen. Dies zeigte sich auf ihren Gesichtern, in ihrem Verhalten, doch hauptsächlich in den neuen Ideen, welche die verhärteten Schwierigkeiten zu überwinden begannen. Eine neue Kraft belebte uns. Wir hatten uns geändert, und damit änderte sich alles zum Besseren.

Das war 1945. Heute zählt »Guideposts« über eine Million Abonnenten, und mehr als zwölfhundert Unternehmen beziehen es für ihre Mitarbeiter. Du findest das Magazin in Hunderten von Hotelhallen, wo es die Gäste inspiriert. Heute arbeiten zweihundert Leute an »Guideposts«. Seine Botschaft ist tief in das Leben Amerikas eingedrungen, indem es die Menschen emporhebt, sie überzeugt und ihnen zeigt, wie man auf Gottes Macht bauen kann. Es hat Tausende von Menschen, hier und im Ausland, mit Gottes Kraft bereichert. Es hat gottesfürchtige Männer zu einem gemeinsamen geistigen Unternehmen zusammengebracht, der Freiheit und der Brüderlichkeit gewidmet. Ja, es ist zu einem der wirksamsten interkonfessionellen Zeitungsunternehmen geworden. Die Erfahrung mit »Guideposts« zeigt ein einfaches Geheimnis. Um erfolgreich zu leben, müssen wir die Gedanken des Mangels von uns weisen und an ihre Stelle Gedanken des Wohlergehens aufnehmen. Und mit Gottes Hilfe werden wir auf diesem Pfad bleiben.

Denke nie an Mangel, denke immer an Wohlstand. Baue dein Leben sowie deine Gedanken auf Gott. Liebe Ihn und diene Ihm, diene deinen Mitmenschen – und du besitzt das Kostbarste, worauf es im Leben ankommt. Überzeugte Optimisten leben glücklich nach Gottes großem Versorgungsgesetz.

Zusammenfassung

1. Lerne nach dem göttlichen Gesetz der Versorgung zu leben.

2. Entwickle eine zuversichtliche Grundhaltung.

3. Bemühe dich aufrichtig, dein Bestes zu tun; denke richtig, und Gott wird dich versorgen.

4. Gott nimmt sich immer derer an, die Ihn lieben, Ihm vertrauen und Seinen Willen aufrichtig befolgen.

5. Wohlstand darf man nicht immer in Geld suchen. Vielmehr ist es ein beständiger Strom göttlicher Gaben.

6. Denke nie an Mangel, und sprich nie davon, denn sonst verordnest du dir Mangel. Gedanken des Mangels schaffen Mangelzustände.

7. Stärke die Gedanken der Fülle; sie helfen mit, Fülle zu verwirklichen.

8. Gedanken und Worte formen dein geistiges Bild. Da wir so werden, wie wir dieses Bild sehen, sollen unsere Gedanken und Worte Wohlergehen und Segen ausdrücken anstatt Armut und Niederlage.

9. Spüle jeden Tag Gedanken des Mangels aus deinem Gemüt. Sammle darin wieder schöpferische Gedanken der Fülle.

108

5. Kapitel

Der positiv denkende Mensch als Vollbringer

»Ich bin nur ein Junge vom Land, der am positiven Denken arbeitet«, sagte er mit scheuem Lächeln. »Darf ich ein Stückchen mit Ihnen gehen?« Er erklärte, er habe mehrere Jahre lang motivierende Bücher gelesen, und er schien auf seine Sammlung stolz zu sein. »Das erste, das ich las, war Ihr Buch ›Die Kraft positiven Denkens‹. Mama schenkte es mir zu Weihnachten, als ich noch ein Kind war; ich bin sozusagen damit aufgewachsen. Ich glaube, daß ich meine Ziele erreichen könnte.«

»Und das wäre?« fragte ich.

»Ich will Jurist werden und vielleicht in die Politik gehen, aber das erscheint mir alles wie ein Traum, der niemals Wirklichkeit werden kann.«

»Warum denn nicht?«

»Weil wir arm sind. Und man muß das College besuchen und Jura studieren, um Rechtsanwalt zu werden. In meiner Familie ist noch nie jemand ins College gegangen. Wir sind bloß Bauersleute im Hinterland.«

Dieses Gespräch fand statt, als ich auf dem Rückweg zu meinem Hotel war. Ich hatte gerade bei einer »Motivationsversammlung«, in der sich hauptsächlich ehrgeizige junge Männer und Frauen, die im Verkauf tätig waren, eng zusammendrängten, eine Ansprache gehalten.

Mein Begleiter sagte: »Ich bin neunzehn Jahre alt, und als ich in der Zeitung von dieser Versammlung las, bin ich mit dem Bus hergefahren. Hat mich fast den letzten Dollar gekostet. Ich habe gesehen, wie Sie nach Ihrer Rede aus der Halle gingen, und bin Ihnen gefolgt. Sagen Sie mir, bitte, daß Sie glauben, ich könne es schaffen. Sagen Sie mir nur das, und geben Sie mir ein paar Tips, wie ich mein Ziel erreichen kann.«

Es war ziemlich rührend, aber auch anregend. Er war so amerikanisch: ein armer Bauernbub, der Anwalt werden und in die Geschichte seines Landes eingreifen wollte.

»Sie haben alle Voraussetzungen«, sagte ich. »Sie haben intensive Wünsche, ein festes Ziel, einen würdigen Vorsatz. Daß Sie mit dem Bus zu dieser Versammlung gekommen sind und Ihre paar wenigen Dollars dazu gebraucht haben, spricht für Ihre Beharrlichkeit. Sie haben einen guten Kopf, die Intelligenz leuchtet Ihnen aus den Augen. Sie sagen, daß Sie daran arbeiten zu glauben. Also glauben Sie, daß Sie es schaffen. Mit Gottes Hilfe besteht kein Zweifel, daß Sie das sein können, was Sie werden wollen.«

Ich nahm einen Notizblock aus der Tasche und schrieb darauf: »Ich vermag alles durch den, der mich mächtig macht, Christus. Philipper 4,13.« Dann fragte ich: »Glauben Sie an Gott?«

»O ja.«

»Nun, Glaube und positive Gedanken sind die Geheimnisse, zusammen mit harter Arbeit, Entschlossenheit und dem Vor-Augen-Halten Ihres Zieles.« Ich deutete auf die Worte, die ich geschrieben hatte: »Sättigen Sie Ihr Gemüt mit diesen Worten. Das wird Ihnen sehr viel helfen.«

Beschwingt ging er von mir fort. Ich sah ihm nach, bis er um die Ecke zur Busstation bog, um den weiten Weg in sein Dorf zu fahren. Er winkte mir noch. Auch wenn es sentimental klingt, ich muß gestehen, daß ich einen Kloß im Hals spürte. Unser Land ist doch noch immer das gute alte Amerika, in dem junge Menschen ihren Träumen folgen können. Daß mein junger Freund seinen Weg machen wird, daran habe ich nicht den geringsten Zweifel.

Es scheint, daß ich überall, wohin ich gehe, Männer und Frauen treffe, junge und alte, die auf ein Ziel und eine Verbesserung ihres Wesens hinarbeiten. Und ich muß zugeben, daß sie mir helfen, meine eigene Motivation aufzubauen.

Im Flughafen von Atlanta stieß ich zufällig auf einen alten Bekannten, einen Firmendirektor, und wir unterhielten uns angeregt über positives Denken und wie es Menschen verändert, so daß sie ihre Ziele erreichen. Auf die Rückseite seiner Geschäftskarte hatte er geschrieben, das *positive Prinzip* sei der seelisch-geistige Vorgang, durch den jemand von Selbstbeschränkung, Verschlechterung und Versagen zu Selbstverbesserung, Wachstum und Leistung gelange.

Wenn jemand nicht so vorankommt, wie er es wünscht, dann ist logischerweise irgendeine Änderung angezeigt. Und oft, sogar meistens, nimmt er dann an, die Lösung des Problems liege in einem Berufs- oder Stellenwechsel. In Wirklichkeit aber wäre es besser, nicht den Job, sondern sich selber zu ändern.

Ein gewandelter Mensch sieht seine Arbeit oft ganz anders an. Sie kann zu einer vielversprechenden Gelegenheit werden, statt die Sackgasse zu bleiben, als die sie vorher erschien. Die Änderung seiner selbst führt häufig dazu, daß sich überhaupt alles ändert. Ein seelischer und geistiger Wandel kann genau der Vorgang sein, der jemanden zu einem Erfolg führt, von dem er zuvor nicht einmal zu träumen wagte.

Bei einer Verkaufs-Motivationsversammlung sagte ein junger Mann: »Mir gefällt diese Sache mit dem positiven Denken, aber ich habe eine stupide, langweilige Arbeit. Was kann ich da schon machen?«

»Wissen Sie was«, sagte ich, »es wäre möglich, daß gerade in diesem Job, den Sie so heruntermachen, die Gelegenheit Ihres Lebens liegt. Sie könnten in der Lage sein, einer der Spitzenleute Ihrer Organisation zu werden, wenn Sie, statt Ihre Arbeit zu verachten und die Stelle wechseln zu wollen, sich selber wirklich veränderten. Tun Sie das, und vielleicht werden Sie dann das, was Sie eine ›stupide, langweilige Arbeit‹ nennen, zu einer höchst interessanten machen. Warum stellen Sie sich nicht einmal sich selbst als genau den Mann vor, für den Ihr Arbeitgeber Sie hält? Er hätte Sie nicht an diesen Platz gestellt, wenn er nicht angenommen hätte, Sie könnten ihn ausfüllen. Er ist sehr begabt in der Personalbeurteilung. Vielleicht kennt er Sie besser als Sie sich selbst. Üben Sie sich darin, alle Leute zu mögen, und fangen Sie an, Ihre Arbeit ganz bewußt zu mögen. Ich schätze, daß Sie bald mehr Freude daran haben werden. Und dann geht es mit Ihnen aufwärts.«

Im Grunde war er jemand, der nicht an sich glaubt. Das war offenkundig. Ich aber wies ihn auf das hin, was er unter der Oberfläche wirklich war und leisten konnte. Glücklicherweise war er zielorientiert, schien indessen innerlich unsicher und ziemlich negativ eingestellt zu sein. »Ich bin eigentlich kein positiver Mensch«, erklärte er. »Wie der Chef den Eindruck gewinnen konnte, ich sei es, ist mir ein Rätsel.«

»Wahrscheinlich sieht er in Ihnen einen potentiell aufgeschlossenen, motivierten Menschen«, vermutete ich. »Haben Sie übrigens je vom ›Als-ob‹-Prinzip gehört? Ich erkläre das den Leuten immer wieder.«

Er schüttelte den Kopf: »Nein, das ist mir neu.«

»Es ist ein gesundes psychologisches Prinzip, eines, das Leute wirklich verändern kann, vorausgesetzt, daß sie sich ändern wollen. Es wurde, glaube ich, erstmals von William James festgehalten, der oft als Vater der amerikanischen Psychologie bezeichnet wird. Es bedeutet, daß sich jemand, der mit sich oder mit seiner Arbeit unzufrieden ist, sich selbst so vorstellt, wie er sein möchte, und seinen Job als eine phantastische Gelegenheit. Dann soll er handeln, als wären er und die Stelle tatsächlich so. Wenn er das beharrlich durchführt, werden die seiner Persönlichkeitsstruktur oder seinem Charakter innewohnenden starken seelisch-geistigen Kräfte zusammenwirken, um ihn und seinen Arbeitsplatz genau zu dem zu machen.«

Ich erklärte ihm, daß ich es schon so oft erlebt habe, wie änderungswillige Leute das »Als-ob«-Prinzip mit Erfolg anwendeten, daß ich fest von seiner Wirksamkeit überzeugt sei. Er hörte mit wachsendem Interesse zu, als ich ihm von schwunglosen Männern und Frauen erzählte, die ich dazu überredet hatte, so zu tun, als wären sie begeistert. Mit der Zeit hatten sie tatsächlich angefangen, sich zu begeistern. Und ich erzählte ihm von anderen, die scheu und introvertiert waren, dann bewußt so handelten, als wären sie extrovertiert und aufgeschlossen, und schließlich tatsächlich so wurden.

Er schien die Botschaft aufzunehmen, und glücklicherweise übertrieb er die Sache nicht. Er hüpfte am folgenden Morgen nicht ins Büro und verströmte eitel Freude und Begeisterung. Er blieb leise, begann sich aber für seine Aufgaben und seine Kollegen wirklich zu interessieren, besonders für die schüchternen, die es in jeder Gruppe gibt. Er gab sich Mühe, mit ihnen zu reden. Er machte denen Mut, die deprimiert waren. Die Hauptsache aber ist, daß er über sein altes, brummiges Ich hinauswuchs, und indem er tat, als ob er ein positiver, teilnehmender, aus sich herausgehender Mensch wäre, wurde er es nach und nach wirklich. Ich sah ihn danach nur noch einmal, als ich vor einem nationalen Kongreß seiner Branche sprach. Er stellte sich vor und berichtete mir von der kleinen, aber leitenden Position, die er jetzt innehatte. Wieder einmal stand ein Mann vor mir, der sich gewandelt hatte und infolgedessen auf dem besten Weg zu Zielen war, die ihm als außerhalb seiner Reichweite erschienen waren.

Es ist ein Jammer, daß so viele Menschen, die eine phantastische Lebensaufgabe erfüllen könnten, es einfach nicht tun. Statt dessen geben sie sich apathisch mit etwas Geringerem zufrieden. Der berühmte Schriftsteller James M. Barrie drückte das sehr gut aus: »Das Erfreulichste der Welt ist, daß nur wenige von uns sehr tief fallen; das Traurigste, daß wir mit solchen Fähigkeiten nur selten hoch aufsteigen.« Man kann es vielleicht auch so sagen, daß wir selbstverschuldete Opfer der Mittelmäßigkeit sind. Wir geben uns damit zufrieden, Mittelmaß zu sein, und dabei hätten wir das gar nicht nötig.

Warum schafft es jemand nicht, das zu werden, was er oder sie sein könnte? Wahrscheinlich gibt es viele Antworten auf diese Frage, aber eine einfache ist, daß der- oder diejenige nicht mit vollem Herzen bei der Arbeit oder Aufgabe ist, sich nicht mit seiner ganzen Person dafür einsetzt. Es war schon immer so, daß die Welt sich den total Engagierten schenkt und den Halbherzigen verweigert.

Wenn ich an die Vollbringer denke, die ich kennengelernt habe, so hatten sie alle gewisse Eigenschaften miteinander gemein. Immer, ohne jede Ausnahme, hatten sie ein Ziel, nicht unbestimmte, ungefähre, verschwommene Pläne, sondern ein klares, fest umrissenes Ziel. Sie wußten genau, was sie wollten, und sie arbeiteten sich mit Entschlossenheit und nie erlahmender Anstrengung zu diesem Ziel vor. Sie alle hatten Begeisterung, eine anfeuernde, glühende Begeisterung, die sie durch alle Schwierigkeiten hindurch hochhielten. Sie gaben nie auf, auch wenn der Weg noch so steinig war. All diese Eigenschaften zusammen – die Vollbringer hatten sie. Und das große Plus war, daß sie alle den Glauben hatten. Keinen Tag ihres Weges zweifelten sie oder dachten sie negativ. Alle Vollbringer, die ich kennenlernte, waren und sind positiv denkende Menschen, die starke Erfolge erzielten.

115

In Chicago können Sie den Namen Rubloff an zahllosen Gebäuden überall in der Stadt lesen. Arthur Rubloff ist einer der größten Immobilienhändler der Welt. Er machte die North Michigan Avenue zu einer der bekanntesten Verkehrsadern der Welt, überall »Die prächtige Meile« genannt. Er war der Neuerer des Einkaufszentrums – sein Evergreen Plaza ist ein spektakuläres Beispiel für die Wiederbelebung der Innenstadt durch das freie Unternehmertum.

Arthur ist Kunstsammler und Wohltäter, der seinen Reichtum zum Nutzen aller verwendet. Er hatte weder einen reichen Vater noch irgendwelche Hilfe auf dem Weg zur Spitze. Er schaffte es aus eigener Kraft; er verkaufte Zeitungen, putzte Schuhe und schuftete als Kombüsenjunge auf einem Frachter. Er war ein armer Junge mit einem Traum und einem Ziel und der Bereitschaft zu arbeiten. Wenn man zu diesem Rezept noch den Willen zählt, nie aufzugeben, Enthusiasmus für das Leben, Intelligenz, positives Denken, immerfort positives Denken – dann hatte er wirklich das Zeug dazu, erfolgreich ans Ziel zu gelangen.

Ebenfalls aus Chicago stammt ein anderer berühmter Vollbringer, W. Clement Stone, der nach dem klassischen Muster als bettelarmes Kind begann, das in der South Side Zeitungen verkaufte. Heute besitzt er, wie man hört, eine Drittelmilliarde Dollar. Stone, auch er ein großzügiger Philanthrop, setzt sich ganz dafür ein, andere anzustacheln, das zu werden, was in ihnen steckt.

In einem Artikel in seiner Zeitschrift »Success« schreibt Clem Stone, man solle nicht auf die achten, die trübselig sagen: »Es geht ja doch nicht.« Er gibt ein paar kluge Ratschläge, wie man die Ausrede »es geht ja doch nicht« Lügen straft. Hier seine Worte:

Millionen Menschen in jedem Beruf haben nie versucht, hohe Ziele zu erreichen, die erreichbar waren, oder Probleme zu lösen, die lösbar waren. Warum? Man sagte ihnen oder ließ sie glauben, »es gehe ja doch nicht«. Und sie erlernten das Wesentliche der Kunst der Motivation mit einer positiven inneren Einstellung nicht oder wandten nie an, was ihnen hätte helfen können, jedes Ziel zu erreichen, das weder allgemeingültige Gesetze noch die Gebote Gottes, noch die Rechte ihrer Mitmenschen verletzt.

Sie hätten die höchsten Ziele erreichen und die schwierigsten Probleme lösen können: ... wenn sie sich dazu aufgerafft hätten, das Wichtige aus dem, was sie lasen, hörten, sahen, dachten und erlebten, zu erkennen, in Verbindung zu bringen, aufzunehmen und anzuwenden ...

... Wenn sie sich hohe, wünschenswerte Ziele gesetzt, sie aufgeschrieben, sich täglich eine halbe Stunde oder mehr Zeit genommen hätten, auf ihre Ziele hin konzentriert zu lernen, zu denken und zu planen. Das Unterbewußtsein bringt durch Wiederholung, Wiederholung, Wiederholung die Antworten hervor.

Ich übernachte häufig bei meinem langjährigen Freund John W. Galbreath auf seiner großen Farm Darby Dan in der Nähe von Columbus, Ohio. John hat führend bei der Neugestaltung der Innenstadt und der Flußviertel mitgewirkt und riesige Einrichtungen in allen Teilen der Welt erstellt, besonders im großen Viertel Mei Foo von Hongkong. Er war auch der Besitzer des Baseballklubs Pittsburgh Pirates.

Galbreath wurde auf einer armseligen 800-Ar-Farm in den Außenbezirken von Mount Sterling, Ohio, geboren und ging wie alle amerikanischen Kinder vor der Schulbuszeit zu Fuß zur Schule. Er ist ein liebenswürdiger Mensch von offenem Wesen und hat sich auch in späteren Jahren, als sehr erfolgreicher Mann, die schlichte Bescheidenheit bewahrt, die ihm schon immer eigen war. Neben dieser Zurückhaltung aber besitzt er einen scharfen, klaren Verstand, der ihn aus der Armut zu einer hohen Stellung in der Welt führte. Heute ist er befreundet mit Präsidenten und mit Königin Elizabeth.

Wenn er von seinem Privatflugplatz auf der Darby-Dan-Farm startet, überfliegt er manchmal die steinigen 800 Ar, wo er aufgewachsen ist und wo sein Vater sich abmühte, dem kargen Boden ein paar Dollar abzuringen, um seine Familie zu ernähren. Wie wurde dieses Wunder vollbracht? John Galbreath würde Ihnen sagen, das sei erstens durch Wünschen, intensives Wünschen, geschehen. Das ist sein Grundrezept für das Erreichen von Zielen: die Intensität des Wunsches. Dazu kamen ein demütiger Glaube an Gott, ein aufrechter Charakter und ein ehrliches Interesse an Menschen. Heute bemühen sie sich um ihn und ehren ihn – nicht wegen seines Reichtums, sondern um dessentwillen, was er ist: ein ehrbarer, liebenswerter, bescheidener und sehr tüchtiger Mensch. Seine Geschichte, wie die von anderen, die ich gern ebenfalls erwähnen würde, ist die eines positiv denkenden Menschen – der sich Ziele setzte und sie erreichte. Ich bin sicher, er würde Ihnen ohne Zögern sagen, daß auch Sie Ihre Ziele erreichen können, wenn Sie die Grundprinzipien befolgen, die er in seinem Buch niedergelegt hat.

Um ein Ziel zu erreichen, muß man eine starke Antriebskraft haben, dazu einen intensiven Wunsch und den festen Glauben, daß es zu schaffen ist. Während ich an diesem Kapitel schrieb, kam Abraham Spector, ein alter Freund und Mitarbeiter, in mein Büro. Er ist ein hervorragender diplomierter Bücherrevisor, einer der Führenden in seinem Beruf. Ich habe manche Jahre mit Abe als persönlichem Berater zusammengearbeitet. Er ist ein echter Vollbringer. So stellte ich ihm jetzt die Frage: »Abe, was hat dich zum erfolgreichen Mann gemacht? Hattest du ein Ziel?«

Er antwortete: »Ich bin in der Bronx geboren und dort in einer armen Familie aufgewachsen. Ich will das Wort *Mittellosigkeit* nicht verwenden, das kam erst später auf. Aber wir waren arme Leute, eine arme jüdische Familie. Und«, Abe zögerte, dann fuhr er fort, »ich wollte einfach nicht mehr arm sein.«

Wie viele Amerikaner wurden schon dadurch motiviert, daß sie arm waren wie Abe Spector? Legionen. Ein anderer Abe, nämlich Abraham Lincoln, war auch arm, sehr arm sogar. Die Amerikaner hassen Armut. Lincolns Mutter sagte zu ihrem Sohn: »Abe, werde etwas!« Ich selbst stamme aus einer armen Familie. Arm zu sein ist hart, aber es hat schon viele Amerikaner dazu angetrieben, höher zu streben, etwas im Leben zu erreichen. Sie wollten nicht länger arm sein, also entwickelten sie Ziele und begannen, positiv zu denken. Sie arbeiteten und arbeiteten und dachten und dachten und glaubten und glaubten. Sie bauten ihr Leben auf dem Prinzip »Natürlich kannst du« auf, und sie erreichten ihre Ziele. Ihre starke Motivation trieb sie an.

Eine der großartigsten Demonstrationen, wie positives Denken zum Ziel führt, ist die Geschichte des unvergessenen Olympiasiegers Jesse Owens. Ich hatte das Privileg, diesen prachtvollen Athleten, diesen großen Amerikaner persönlich zu kennen. Mehrere Sportautoren sahen ihn als einen der größten Sportler in der Geschichte unseres Landes an. Jesse Owens selbst wies eine solche Einschätzung heftig von sich, aber an seiner Leistung als Sportler oder an seiner Größe als ernsthafter Christ und bemerkenswerter Mensch besteht kein Zweifel.

Eines Abends saß ich während einer Dinner-Veranstaltung des Zeitungsverlegerverbandes in Columbus, Ohio, neben Jesse Owens an der Ehrentafel. Ich brachte ihn dazu, von seinem Leben und seiner Karriere zu sprechen, und da erzählte er die folgende Geschichte: Er war in einer Familie mit äußerst beschränkten Mitteln geboren. »Wir waren materiell arm, aber geistig reich.« Er sagte auch, er sei als Knabe schmal, ja mickrig von Gestalt gewesen, von unterdurchschnittlicher körperlicher Erscheinung. Aber seine gläubige, positive Mutter brachte ihm bei, er sei dafür bestimmt, große Dinge zu vollbringen, er werde jemand sein. Er konnte nicht einsehen, wie dies möglich sein sollte. Seine Familie war doch arm und ohne Einfluß. Alles schien gegen ihn zu sein, doch seine Mutter erinnerte ihn immer wieder an Gott, den Herrn, und sagte: »Du mußt nur glauben und zuversichtlich bleiben. Du wirst geführt werden.«

Eines Tages war bei einer Schulversammlung Charlie Paddock der Redner, einer der berühmtesten Sportler der damaligen Zeit. Auf gar mancher Sportseite wurde er als »der schnellste lebende Mensch« gerühmt. Ich sah ihn einmal in der Boston-Arena laufen, er war wie ein geölter Blitz. Als er sich vom aktiven Sport zurückgezogen hatte, widmete er seine Zeit der Förderung der Jugend und hatte überall großen Einfluß auf sie.

Über tausend Kinder drängten sich an jenem Tag im Hörsaal der Schule, um den berühmten Läufer sprechen zu hören, und der kleine Jesse Owens saß in der vordersten Reihe. Owens erzählte mir, daß Charlie Paddock nach vorn an die Rampe trat, beide Hände in die Hüfttaschen steckte, wartete, bis alles ganz still war, und dann mit voller, starker Stimme rief: »Wißt ihr, wer ihr seid? Wißt ihr nicht, nein? Ich will es euch sagen: Ihr seid Amerikaner, und ihr seid die Kinder Gottes. Ihr könnt etwas werden. Ihr könnt alles werden, was ihr wollt, wenn ihr ein Ziel habt und arbeiten und glauben wollt und einen guten Charakter habt. Ihr könnt wirklich werden, was ihr wollt, mit Gottes Hilfe.«

Jesse Owens sagte mir, er habe in jenem Augenblick blitzartig erkannt, was er werden wollte; sein Ziel stand gleich fest: Er wollte der nächste Charlie Paddock werden, der schnellste lebende Mensch. Er konnte es kaum erwarten, daß die Ansprache zu Ende war, dann flitzte er sofort hinauf und packte Paddocks Hand. Mit einem Hauch von Ehrfurcht erzählte er mir jetzt: »Als ich Charlies Hand ergriff, fuhr ein elektrischer Strom meinen Arm hinauf und durch meinen Körper.«

Dann lief er zum Coach und schrie: »Coach, ich habe einen Traum, ich habe einen Traum. Ich werde der nächste Charlie Paddock! Ich werde der schnellste Mann auf Erden!« Der Coach war ein kluger Mensch, ein Anreger und Führer. Er legte dem schmächtigen, kleinen Jungen den Arm um die Schultern. »Das ist recht, Jesse. Hab einen Traum, einen großen Traum. Du wirst nie höher gelangen, als du es dir erträumen kannst. Aber du kannst so hoch kommen wie dein Traum, wenn du daran arbeitest, daran glaubst und daran festhältst. Um deinen Traum zu erfüllen, mußt du eine Leiter erklettern, die vier Sprossen hat. Merk sie dir gut: 1. Entschlossenheit, 2. Hingabe, 3. Disziplin und 4. Einstellung.«

Weiter sagte der Coach, die Einstellung sei besonders wichtig, mehr noch als die andern drei Eigenschaften zusammen, denn die Einstellung habe damit zu tun, wie jemand denke und glaube. Und bevor jemand entschlossen, hingegeben und diszipliniert sein könne, müsse er sich dem Ziel geistig und seelisch verpflichten. Er müsse auf dem ganzen Weg bis zur Erfüllung positiv darüber denken.

Ich war fasziniert, als Jesse Owens mir diese Geschichte seines Erwachens zu seinen Möglichkeiten, seinem Ziel, seinem Traum erzählte und wie das alles Wirklichkeit werden konnte. Was geschah? Er schlug bei den Olympischen Spielen von 1936 die Welt in

Bann, indem er vier Goldmedaillen errang. Er stellte den Rekord über die Hundert-Meter-Strecke ein und lief die zweihundert Meter schneller, als sie je zuvor gelaufen worden waren. Sein bei diesen Spielen aufgestellter Weitsprungrekord hielt ganze zweiundzwanzig Jahre, und seine Leistung im Staffellauf war spektakulär. Und als schließlich die amerikanische Ruhmeshalle des Sports errichtet wurde, führte der Name des schmächtigen, kleinen Jungen aus Cleveland, der einen Traum, ein Ziel der sportlichen Unsterblichkeit verfolgt hatte, alle anderen an. Denken Sie über die Geschichte von Jesse Owens nach, und seien Sie gewiß, tief im Herzen gewiß, daß auch Sie mit positivem Denken Ihr Ziel erreichen können.

Um Ihnen dabei zu helfen, nenne ich Ihnen hier zehn »Natürlich-kannst-du«-Grundsätze. Beherzigen Sie sie. Glauben Sie daran, daß sie funktionieren, wenn man sie befolgt.

1. Präge dir ein Ziel unauslöschlich ein.

2. Halte dir stets dich selbst als mit Gottes Hilfe siegreichen Menschen vor Augen.

3. Wenn ein negativer Gedanke sich in dein Gemüt schleicht, streiche ihn sofort mit einem positiven Gedanken durch.

4. Mach in deinem Geist deine Schwierigkeiten ganz klein, deine Stärken ganz groß.

5. Lehne es ab, daß die Schwierigkeit Macht über dich

hat. Denk immer daran, daß die Macht des Glaubens siegt.

6. Glaube an dich.

7. Sei stets freundlich.

8. Hör nicht auf, zu lernen, zu wachsen, besser zu werden.

9. Baue eine Leiter zu deinen Träumen: Entschlossenheit, Hingabe, Disziplin, Einstellung.

10. Übe jeden Tag die größte aller Feststellungen: »Ich vermag alles durch den, der mich mächtig macht, Christus.«

Doch sehen wir den Tatsachen ins Auge: Die Probleme des Lebens können sich gegen uns verschwören. Schwierige Situationen ergeben sich aus mancherlei Ursachen. Ein vorübergehendes Nachlassen der positiven Haltung könnte eine davon sein.

6. Kapitel

Das Heute gehört dir, ergreif es!

Positives Denken bringt Positives, weil es den unschätzbaren Wert eines Tages würdigt, des heutigen Tages, nicht des nächsten, sondern *dieses* und jedes einzelnen Tages. Das Heute bietet uns mindestens sechzehn wache Stunden, die prallvoll sein können von Gelegenheiten, Freude, Spannung, Erfüllung. Der positive Denker weiß, daß der heutige Tag für ihn gemacht wurde und für jedermann, der ihn positiv anpacken will. Das Heute gehört ihm, also macht er ein wunderbares schöpferisches Erlebnis daraus. Seine optimistische Einstellung zum heutigen und zu jedem folgenden Tag ist dazu angetan, jeden einzelnen zu einem großen Tag zu machen: Der Tag wird das, als was er ihn sich vor Augen hält.

Jeden Morgen, seit vielen Jahren, zitiere ich beim Aufstehen einen dynamischen Tagesauftakt, den ich im kreativsten aller Bücher gefunden habe. Er wirkt für mich Wunder. Manchmal wiederhole ich ihn laut, manchmal denke ich ihn still, aber immer belebt er mich und stärkt meinen Glauben. Er bringt mich richtig in Schwung für den Tag. Außerdem habe ich über Vorträge und Bücher und Einzelgespräche wohl Tausende dazu überredet, die gleiche Aufstehgewohnheit anzunehmen. Es besteht nicht der geringste Zweifel, daß sie die richtigen Voraussetzungen für den Tag schafft. Und diese lebensvollen, inspirationsgeladenen, aufmunternden Worte, die mir jeden Morgen, ob Regen oder Sonnenschein, helfen, meinen Tag entgegenzunehmen und etwas daraus zu machen, lauten: »Dies ist der Tag, den der Herr macht; lasset uns freuen und fröhlich darinnen sein« (Psalm 118,24).

Und oft sagt meine Frau beim Frühstück: »Wir wollen heute einen guten Tag haben.« Und damit fangen wir dann auch gleich an. Eine positive Einstellung zu jedem einzelnen Tag wirkt sich so gut aus, daß es mich anspornte, dieses Kapitel »Das Heute gehört dir« zu schreiben. Sie müssen dieses Heute ergreifen, denn es ist flüchtig, nur vierundzwanzig Stunden, die schnell vorbei sind. Auch wenn Sie achtzig Jahre alt werden, haben Sie nur 29 200 Tage. Jeder davon ist daher ein kostbares Bruchstück eines Geschenkes namens Zeit, Ihrer Zeit. Es ist nur sinnvoll, wenn Sie jeden Tag nutzen. Das Heute gehört Ihnen. Nutzen Sie es gut.

Ort: Korea. Zeit: ein Uhr früh. Temperatur: etwa 30° minus. Es war so kalt, daß bloße Finger am Metall kleben blieben. Ein großer, stämmiger Marineinfanterist lehnte an einem Panzer und aß mit dem Taschenmesser kalte Bohnen aus einer Konservendose. Ein Zeitungskorrespondent, der ihm zusah und wußte, daß eine schwere Schlacht sich anbahnte, stellte ihm eine philosophische Frage: »Sag mal, wenn ich Gott wäre und dir alles geben könnte, worum würdest du mich bitten?«

Der Soldat baggerte mit seinem Messer einen weiteren Mundvoll Bohnen aus der Büchse, dachte über die

Frage nach und sagte dann: »Ich würde um Heute bitten.«

Ich glaube, das sollten wir alle tun. Zum Glück haben wir das Heute. Was machen wir damit? Die Antwort ist leicht: Wir arbeiten weiter auf unsere Ziele hin. Und allen Schlappen, Rückschlägen oder Widerständen zum Trotz werden wir siegen, weil wir positiv denken. Wir werden diese Ziele erreichen und schon auf dem Weg dazu glücklich sein. Wir werden die tiefe Befriedigung erleben, Gewinner zu sein.

Positives Denken bringt positive Ergebnisse, weil Sie dann das Leben lieben, gute Tage erleben, sich hineinstürzen und sich mit Begeisterung an ihre Tage, jeden einzelnen von ihnen, hingeben. Es ist eine Tatsache: Wer das Leben liebt, den liebt es wieder. Und je mehr wir ihm schenken, desto mehr schenkt es uns freudig zurück.

Meine Frau Ruth und ich waren in dem herrlichen Staat Alberta in Kanada, wo die weiten Prärien gegen die gewaltigen Rocky Mountains branden. Ich hatte in Calgary eine Rede gehalten. Früh am nächsten Morgen gingen wir zum Flughafen. Das Thermometer zeigte wenige Grade unter Null, die Luft war frisch und unverschmutzt. Am klarblauen Himmel sah man weit und breit keine Wolke. Es war ein schöner, kalter, aber sonniger Novembertag.

Wir hatten noch mehr als eine Stunde Zeit bis zum Abflug, und da wir uns beide lebendig bis in die Fingerspitzen fühlten, entschlossen wir uns zu einem strammen Spaziergang. Bald waren wir außerhalb des Flughafengeländes in der eigentlichen Prärie. Dann blickten wir uns um, und da standen in klarer Sicht die Rockies, ein atemberaubendes Panorama. Sie waren mit Schnee bedeckt, der in der Sonne wie Tausende von Diamanten funkelte. Wir zählten nicht weniger als zweiundsechzig weiße Gipfel. »Ist das nicht phantastisch!« rief ich aus. Ruths Augen glänzten vor Freude über den Morgen und die Schönheit um uns herum.

Als unser Flugzeug später startete und einen Hügel überflog, hoben sich vor uns, von Norden bis Süden, noch viele weitere weiße Bergspitzen von dem azurblauen Himmel ab. Ich war so bewegt, daß ich zu Ruth sagte: »Weißt du, Schatz, ich liebe das. Ich liebe das alles wirklich. Ich möchte diese unglaublich wundervolle Welt noch nicht verlassen. Ich möchte lange, lange leben. Das ist so hinreißend, so großartig.«

Ruth, die immer auch eine praktische Seite hat, antwortete: »Nun, wenn du das positive Denken praktizierst, über das du redest, wirst du lange leben. Du hast noch eine Menge Tage vor dir. Nehmen wir das Heute an und alle folgenden Tage, und füllen wir jeden mit der Schönheit und Romantik und Freude des Lebens, die Gott uns schenkt.«

Ja, das Heute gehört Ihnen, liebe Leserin, lieber Leser. Ergreifen Sie es! Halten Sie es! Lieben Sie es! Leben Sie es!

Da könnte jemand grämlich einwenden, das alles höre sich wie süßlicher Kitsch von Mondschein und Rosen an. Er könnte fragen: »Und was ist mit den harten Schlägen, die einen treffen? Wie wollen Sie alle die dunklen, ja tragischen Tage mit diesem schönen Gerede von ›alle Tage gute Tage‹ in Einklang bringen?«

128

Eigentlich hat mir noch nie jemand diese Frage wirklich gestellt. Aber ich selbst habe sie mir gestellt. Da ich ja persönlich auch nicht wenige dieser sogenannten harten Schläge einstecken mußte, erkannte ich schon vor langer Zeit die Notwendigkeit, eine positive Philosophie über harte Schläge in der Gesamterfahrung des Lebens auszuarbeiten. Im Grunde liegt das Problem weniger darin, was einem zustößt, als darin, was man darüber denkt und dagegen tut, denn es kann wirklich viel Schweres auf einen zukommen.

Dieser eine Tag, was immer er bringen mag, gehört uns, damit wir etwas mit ihm anfangen, damit wir auch aus dem, was vielleicht wie das Schlimmste aussieht, das Beste machen. Das Geheimnis besteht natürlich darin, daß man der Verzweiflung Hoffnung und der Niederlage Zuversicht »einspritzt«.

Der verstorbene Casey Stengel, berühmter Manager der New York Yankees, brachte die Idee in eine einfache Form. Man sagte, Niederlagen hätten Casey nicht geschreckt, weil er in jeder Niederlage nach einem Sieg Ausschau hielt. Niederlagen motivierten ihn offenbar lediglich dazu, noch mehr Siege zu erringen. Die harten Schläge, die er an manchen Tagen einstecken mußte, veranlaßten ihn, am nächsten Tag die Schläge zu seinen Gunsten zu wenden.

Ich persönlich fand große Hilfe in der alten Wahrheit, daß jedem Nachteil ein entsprechender Vorteil gegenübersteht. Und in schweren Zeiten half mir auch immer die Erinnerung an eine alte Redensart: »Der Hammer bricht das Glas, nicht aber den Stahl.« Wenn Sie aus gutem Material sind, dann werden die harten Schläge Sie nicht zerbrechen, sondern stählen. Und Ihre Einstellung wird aus schlechten Tagen gute machen.

Hauptmann Max Cleland war am Morgen jenes Tages in Vietnam im Jahre 1968 ein kraftstrotzender junger Mann. Doch bevor noch die Nacht anbrach, war sein starker Körper zerstört: Eine explodierende Granate riß ihm beide Beine und den linken Arm ab. Es folgten Monate voll körperlicher Schmerzen und seelischer Pein und mühseliger Anpassung. Es erschien unwahrscheinlich, daß vor ihm noch Tage lagen, die er als Geschenk würde auffassen und schöpferisch nutzen können. Doch Cleland hatte einen starken, widerstandsfähigen Glauben. Er war bekannt gewesen für sein helles Lachen und sein ansteckendes Lächeln, und er behielt es. Natürlich gab es für ihn auch Zeiten der Verzweiflung und Tage, an denen ihm schien, daß er es unmöglich schaffen könne.

Doch Max Cleland kehrte nach Hause zurück und gehörte zwei Amtszeiten lang dem Senat seines Bundesstaates Georgia an. Dann kandidierte er als stellvertretender Gouverneur. Als er die Wahl verlor, fühlte er sich erschlagen und versank erneut in einer Depression. Dann aber geschah etwas, was ihm gute Tage wiedergab. Während er durch den Regen nach Washington fuhr, um eine Stabsposition im Senat anzutreten, wurde ihm mit einemmal klar, wie er es beschrieb, »daß ich aus eigener Kraft nicht weiter konnte. Auf jener regengepeitschten Autostraße warf ich mich dem Herrn zu Füßen und schrie auf: ›Vergib mir, Gott, und hilf mir!‹ Als ich die Hand ausstreckte, kam

Er zu mir. Seither bin ich an den schwachen Stellen wirklich stärker geworden. Und heute finde ich mehr Sinn, mehr Freude am Leben, als ich je für möglich gehalten hätte.«

Obwohl er sich nur im Rollstuhl fortbewegen kann, steht Max Cleland heute mitten in einer glänzenden Karriere. Präsident Carter ernannte ihn zum Verwalter der Veterans Administration, der größten Verwaltungsabteilung der Bundesregierung, in der er sich auszeichnete. Später wurde er mit großer Mehrheit zum Staatssekretär von Georgia gewählt. Ich habe voll Bewunderung mit angesehen, wie er riesige Zuschauermengen mit seiner unvergleichlichen Redegewandtheit, seiner überzeugenden Aufrichtigkeit und seinem optimistischen, positiven Glauben fesselte. Müßte ich die zehn glücklichsten Personen meines Bekanntenkreises aufzählen, so stünde der »behinderte« Max Cleland auf dieser Liste.

Wie wurde er zu einem Experten in guten Tagen, zu einem Genie des siegreichen Lebens? Er nennt dafür drei Richtlinien: 1. Sei bestrebt, das Problem anzunehmen. – Er betete die berühmten Worte: »Gott, gib mir die Gelassenheit, hinzunehmen, was ich nicht ändern kann.« 2. Finde eine andere Tür, die aufgeht – denn immer, wenn eine Tür zuschlägt, öffnet sich eine andere weit. Starre nicht so gebannt auf die geschlossene Tür, daß du die aufgehende übersiehst. »Ich hatte ja immer noch meinen Verstand und einen starken Arm, um einen Rollstuhl anzutreiben.« 3. Laß dir von Gott helfen.

Daß Gott ihm über die Schwierigkeiten hinweghilft und ihn Tag für Tag froh sein läßt, das sehen alle, die ihn kennen. Trotz des Schicksals, das er zu tragen hatte, hat sich Max Cleland nicht in sein Unglück vergraben. Er hatte den ungeheuer positiven Geist, zu wissen, daß der Tag noch immer ihm gehörte; er ergriff ihn und machte etwas Außergewöhnliches daraus.

Ann Person lag hilflos im Spital. Ihr Mann Herb war krank. Die Familie war praktisch mittellos. Die Zukunft sah wahrlich düster aus. Doch Ann gab sich nicht geschlagen, denn sie verstand, zwei wesentliche Dinge zu tun: denken und beten. Solange man das kann, besteht immer Hoffnung. Und in Anns Kopf kristallisierte sich eine Idee, die zu einem unerhörten Erfolg führen sollte. Aber lassen Sie sich ihre Geschichte in ihren eigenen Worten erzählen, wie sie teilweise im Magazin »Guideposts« veröffentlicht wurde.

Im Oktober 1965 lag ich flach auf dem Rücken auf der Tuberkulosestation des staatlichen Krankenhauses in Oregon. Dumpf starrte ich an die Decke. Mit der Krankheit hatte sich die Depression eingestellt. Ich erkannte, daß ich für die vergangenen 40 Jahre nicht viel vorzuweisen hatte. Ich hatte meine Zeit als Erwachsene verplempert, mich mit allem möglichen abgegeben, aber für nichts richtig eingesetzt.

Als ich als Kind mein erstes Puppenkleid stichelte, war ich sicher, daß ich eine weltberühmte Modeschöpferin würde. Und manche Jahre lang verfolgte ich dieses Ziel.

Aber irgendwann im Verlauf der Zeit erlahmte meine Begeisterung, und meine Träume von einer glänzenden Karriere verblaßten. Mein Leben, einst voller Vitalität und guter Vorsätze, wurde matt und eintönig. Sogar meine Gesundheit fing an nachzulassen.

Noch nie hatte ich mich so allein und leer gefühlt – und voller Angst –, wie in jenem Spitalbett. »Lieber Gott«, betete ich, »ich fürchte mich. Wenn du mich nur hier herausbringst, verspreche ich, daß ich mit meinem Leben etwas anfangen werde, was sich lohnt. Ich weiß, ich kann es nicht ohne deine Hilfe. Du mußt mir den Weg zeigen. Aber gib mir eine Chance!«

In dem Schweigen, das darauf folgte, verspürte ich ein unbeschreibliches Gefühl des Trostes. Ich schlief ruhig, geborgen im Wissen, daß ich meine Sache in Gottes Hand gegeben und damit alles getan hatte, was ich konnte.

Ich fühlte mich verjüngt – irgendwie freudig erregt über das, was die Zukunft bereithielt. Ich dachte an mein Gebet und vertraute darauf, meine Nische bald finden zu können.

Wenn ich Nähunterricht gab, fühlte ich meine alte Vorliebe am stärksten in mir aufwallen. Die Schülerinnen sagten mir oft, sie seien nie so motiviert wie in diesen Stunden.

Eines Tages schickte mir eine dankbare Schülerin einen riesengroßen Karton mit Tricotresten vom Großabnehmer einer Textilfabrik. Jersey war damals neu auf dem Markt und den meisten Heimnäherinnen praktisch fremd. Wer das Material kannte, fand es schwierig oder gar unmöglich, damit zu arbeiten. Unzählige Male hatte ich klagen gehört, daß

sich Jerseystoffe verzogen, verbeulten, hoffnungslos verhedderten.

Doch die Orgie von Farben und Mustern in dem
Karton war unwiderstehlich. »Probier mich aus!«
schienen die Stoffe zu sagen. Ich zog einen großen,
grünen Rest heraus, setzte mich an die Nähmaschi-
ne und begann zu experimentieren. Nachdem es
mich einmal gepackt hatte, konnte ich kaum mehr
aufhören. Ich war ganz aufgeregt, als eine Entdek-
kung der anderen folgte.

Am besten ging es, fand ich heraus, wenn ich einen
großen Stich einstellte und den Stoff beim Nähen
auseinanderzog. Das sprach sich herum, und im
Handumdrehen waren meine Unterrichtsstunden
ganz meiner neuen »Streck-und-näh«-Methode mit
Jersey gewidmet. Da kam ein Anruf von einer Frau
in einer Kleinstadt: Ob ich bereit wäre, dorthin zu
fahren und meine Technik einigen ihrer Bekannten
vorzuführen? Tu's, drängte mich eine leise Stimme,
und ich sagte zu. Als ich hinkam, warteten 70 Da-
men. Und diese eine Vorführung zog eine Kette von
Kursen nach sich, die mich für den Rest des Jahres
auf einer wöchentlichen 800-Kilometer-Tour durch
den ganzen Staat in Trab hielt.

Ich glühte vor Begeisterung über meine Arbeit und
das Leben wie seit meiner Kindheit nicht mehr, und
ich wußte ohne den Schatten eines Zweifels, daß
Gott die Quelle dieser Lebensfreude war. Zum ersten Mal im Leben tat ich endlich, was ich tun *sollte.*
Ich hatte meine Nische gefunden.

Wir ließen den Namen »Stretch and Sew« schützen,
und ich begann, andere auszubilden und zur

Durchführung der Grundkurse zu ermächtigen. Ein halbes Jahr später eröffneten wir das erste »Stretch and Sew Center«, wo Kurse erteilt und exklusiv Jerseystoffe, Anleitungen und Schnittmuster verkauft wurden. Ich stellte eines der ersten Bücher zusammen, die je über das Nähen mit Jersey veröffentlicht worden sind, und faßte es in leichtverständlicher Sprache ab. Unglaublicherweise wurden davon mehr als eine Million Exemplare verkauft, und der Erfolg zog eine fünfjährige nationale Fernsehserie unter dem Titel »Nähen mit Ann Person« nach sich. Herb kam auf die Idee einer konzessionierten Kette von »Stretch and Sew«-Nähzentren. Heute gibt es in den Vereinigten Staaten und Kanada 239 solcher Zentren, in denen Millionen Frauen die Methode erlernen.

Neulich trat nach den Nähstunden in einer Stadt des Mittleren Westens eine kleine Frau zu mir. »Ann«, erzählte sie mir vertraulich, »ich bin Witwe. Nach dem Tod meines Mannes war ich jahrelang einsam und verzweifelt und ohne Lebenswillen. Nur um die Zeit totzuschlagen, habe ich mich für Ihre Kurse angemeldet – aber durch sie habe ich nun ein Selbstwertgefühl bekommen, wie ich es noch nie hatte. Ich lernte Ziele setzen und Entscheidungen treffen. Ich schloß Freundschaften. Es war genau der Anstoß, den ich nötig hatte, und ich muß Ihnen einfach danken. Ihnen . . . und Gott.«

Je öfter wir solche Erfolgsstorys lesen, desto mehr sollten wir uns darüber klarwerden, daß wir selbst etwas tun können. Erstaunliche schöpferische Kräfte schlummern vielleicht auch in Ihnen. Lassen Sie das Potential in Ihrer Persönlichkeit nicht brachliegen. Lassen Sie es nicht austrocknen und absterben. Was Sie tun müssen, ist nichts weiter als: aufhören, negativ zu denken, und anfangen, sich selber positiv gegenüberzustehen. Entwickeln Sie Zuversicht. Erziehen Sie sich dazu, an sich und Ihre verborgenen Talente und Fähigkeiten zu glauben. Denken, denken und denken Sie immer mehr, und fügen Sie zu den Gedanken das Gebet; diese beiden Vorgänge wirken Wunder! Wenn Sie dazu noch Mut und moralische Kraft aufwenden, vermögen Sie in sich Begabungen zu finden und freizusetzen, von denen Sie bisher keine Ahnung hatten. Und einmal kommt ein Tag, ein großer, wunderbarer Tag, an dem Sie klar erkennen, wer Sie sind und was Sie sein können. Dann werden Sie sagen: »Der Tag ist mein!« und werden ihn ergreifen. Ann Person wußte nicht, daß ein ganzes schöpferisches Geschäftsunternehmen in ihr schlummerte, aber durch die geschilderten Vorgänge fand sie es heraus.

Eines Abends fuhr mich ein Bekannter im Wagen zu einem Vortrags-Engagement. Als wir an einem Bauernhaus vorbeikamen, sagte er: »Hier ist etwas Komisches passiert. In dem Haus wohnte ein Mann, der es bis fast zur Ruine verfallen ließ. Auch er selbst sah heruntergekommen aus. Er war so schäbig angezogen, daß er als äußerst arm galt, und lebte von der Hand in den Mund. Dann starb er, und kurz danach baute der Bezirk eine Zubringerstraße durch sein Farmland. Bei den Straßenbauarbeiten förderten Arbeiter mehrere vergrabene Milchkannen zutage. Sie waren mit Geld vollgestopft, ungefähr 200 000 Dollar in Fünfer-, Zehner- und Zwanzigernoten.«

Es stellte sich heraus, daß der »Arme« früher Vieh besessen, aber alles verkauft und das Geld in den Milchkannen vergraben hatte. »Ein törichter, bedauernswerter Tropf«, sagen wir – dabei war er nicht törichter oder bedauernswerter als diejenigen von uns, die ihre Begabung unter einer Masse von negativem Denken begraben und infolgedessen in Persönlichkeitsarmut leben. Der positive Mensch erkennt die Mittel und Möglichkeiten, die ihm zur Verfügung stehen. Er wird aus jedem Tag und jeder Situation das Beste machen. Er wird sogar dort Gelegenheiten sehen, wo scheinbar keine vorhanden sind, und etwas Außergewöhnliches zustande bringen.

Ich hatte das Glück, daß man mir nie einen Posten angeboten hat, der bereits erfolgreich war. Ich betrachte das als Glück, denn was schon sehr gut steht, muß man auf diesem hohen Niveau halten oder gar noch steigern. Wenn dagegen ein Arbeitsplatz heruntergekommen ist, kann jemand Erfolg haben, indem er ihn entwickelt und verbessert. Vier Kirchen bekam ich als Pfarrer in meinem Leben angeboten und habe jeweils angenommen, und jede war im Zustand des Niedergangs oder sogar der Auflösung. In jedem dieser Fälle hatte ich die Gelegenheit, eine Wende herbeizuführen und die vier Kirchengemeinden wieder neu zu beleben.

Das war, obwohl ich es damals nicht wußte, der große Glücksfall meines Berufslebens. Tatsächlich möchte ich allen empfehlen, eher eine etwas vernachlässigte Stelle anzunehmen als eine, in der alles glänzend läuft. Dadurch, daß man die »mindere« Aufgabe zum Erfolg führt, wird man selbst erfolgreich. Für mich jedenfalls erwiesen sich die Stellen jedesmal als größte Chance.

Wie schaffen es gewisse positiv denkende Menschen, daß sie in schwierigen Situationen so starke Ergebnisse erzielen? Ich denke da an Dr. Raj Chopra, einen erfolgreichen Pädagogen, der von den Erziehungsbehörden einer Stadt im Mittleren Westen das Angebot bekam, ihr Kreisschulinspektor zu werden. Ein CBS-Fernsehbericht über ebendiesen Schulkreis hatte gezeigt, daß die Prüfungsergebnisse der Schüler die schlechtesten im ganzen Bundesstaat waren, daß der Schulkreis, der aus zweiundzwanzig Grund-, fünf Ober- und zwei Mittelschulen bestand, dem Ruin entgegenging. Trotzdem fuhr Dr. Chopra hin, um zu sehen, ob die Stellung eine Herausforderung für ihn sein könnte. Er denkt positiv, und er packt gern schwierige Aufgaben an.

Was er antraf, war eine recht negative Situation. Die Hotelsekretärin erkannte seinen Namen, als er sich einschrieb, und meinte zynisch: »Viel Glück. Sie werden es brauchen.« Sie erzählte ihm, daß demoralisierte Lehrer sich in andere Stellen flüchteten. Als Dr. Chopra sich in der Stadt umhörte, spürte er eine allgemein schlechte Stimmung, die teilweise vielleicht auf die Fernsehreportage zurückzuführen war. Kaum jemand wußte etwas Gutes über die Schulen zu sagen, und einige Leute rieten ihm, die Stellung nicht anzunehmen. »Sie würden sich nur selber schaden«, warnten sie.

Schließlich traf Dr. Chopra eine Person, die ihn endgültig davon überzeugte, daß er absagen sollte. Der Mann saß auf den Stufen vor seiner Haustür und trank Bier aus der Dose. Das Haus nebenan war eine Grundschule. Dr. Chopra fragte ihn, was er von den Schulen seiner Gemeinde halte. »Der Mann starrte mich zuerst an«, erzählte Dr. Chopra, »dann ließ er die Bierdose sinken, drehte sich zum Schulhaus um und schnauzte: ›Wenn die Bude brennen sollte, würde ich keinen Eimer Wasser draufgießen!‹« Das gab den Ausschlag, und Dr. Chopra konnte nicht schnell genug weg und nach Hause kommen.

Beim Abendessen schilderte er seiner Familie die trostlose Situation und meinte, für diesen Schulkreis gebe es keine Hoffnung. Die Familie schwieg eine Zeitlang, dann sagte sein kleiner Sohn Dick auf einmal: »Aber Vati, was ist mit deinem Glauben? Du sagst uns doch immer, Probleme sollen Gelegenheiten sein.« Der Vater wußte, daß sein Junge recht hatte. Er änderte seinen Entschluß und nahm die Stellung an. Über seine Erlebnisse erzählte er:

Als erstes ging ich hinaus in die Schulen und unterhielt mich mit Schülern und Lehrern. Als ich eines Morgens durch einen Schulhausflur ging, kam mir eine Lehrerin entgegen. Ich grüßte sie: »Guten Morgen, Frau Jones!« »Was soll daran gut sein?« gab sie mürrisch zurück.
»Gut ist, daß ich Gelegenheit habe, in Ihr schönes Gesicht zu sehen.«
Sie war etwas verblüfft, aber ich fuhr fort: »Der Morgen ist gut, weil wir uns beide darauf freuen,

heute mit jungen Menschen zu arbeiten. Es ist doch herrlich zu wissen, daß wir aus diesem Tag für die Kinder einen besseren Tag machen werden.«

Sie starrte mich zweifelnd an.

»Und? Ist es nicht ein schöner Morgen?«

»Allerdings«, lachte sie. Begeisterung ist anstek- kend, sie überträgt sich. Aber man kann sie in ande- ren nicht erzeugen, wenn man sie nicht selbst ver- spürt.

Ein Weg dazu ist, immer nach dem Pluszeichen Ausschau zu halten. Um in einer schwierigen Lage vorwärtszukommen, muß man von dem ausgehen, was daran richtig ist, und darauf aufbauen. Wenn ein Geschrei erhoben wird, weil 20 Prozent der Schüler nicht lesen können, dann muß ich, wie ich herausgefunden habe, den Eltern zuerst einmal sa- gen, daß 80 Prozent der Schüler lesen *können*. Und dann fangen wir an, darüber zu diskutieren, was mit den übrigen 20 Prozent geschehen soll. Bei jeder scheußlichen Situation liegt die beste Hoffnung darin, daß man von der positiven Seite her ans Werk geht.

Als ich meinen ersten Schulbesuch in einem Klas- senzimmer des heruntergewirtschafteten Schulkrei- ses abstattete, war ich beeindruckt von den for- schenden Gesichtern, die ich dort sah. Waren das die gleichen Kinder, die bei den Prüfungsergebnis- sen so schlecht abschnitten? Sie sahen durchaus nicht anders aus als die Schüler in anderen Städten, die ich kannte. Ich fand sogar, daß sie ausgespro- chen intelligent wirkten. Und ich beschloß, ihnen das auch zu sagen.

»Ihr alle sollt wissen, daß ich meine, ihr gehört zu den aufgewecktesten Kindern, die ich je gesehen habe«, erklärte ich. »Ich bin stolz darauf, bei euch zu sein.« Als ich ihnen sagte, wie sicher ich sei, daß sie im kommenden Jahr besonders gut abschneiden würden, sah ich einen Ausdruck froher Erwartung ihre Mienen erhellen.

Wir sagten unseren Lehrern, daß wir ihre Fähigkeiten schätzten, ließen sie aber zugleich wissen, daß wir von ihnen das Beste *erwarteten*.

Wir bemühten uns immer, unseren Rektoren, Inspektoren und Lehrern einzuprägen, welche Macht in jedem einzelnen von uns liegt, im Leben anderer Menschen eine Veränderung zu bewirken.

Und wie ging das Ganze aus? Behielten die Untergangspropheten recht?

Die Prüfungsergebnisse der Schüler schwangen sich zu neuen Bestmarken auf, die Arbeitsmoral der Lehrer war hoch, und die Eltern waren stolz – so stolz, daß sie anfingen, eine alljährliche »Woche des Stolzes« zu finanzieren, mit einer großen Parade durch die Hauptstraße zu Ehren ihrer Schule und Gemeinde.

Was machte den Unterschied aus? Einfache Prinzipien des positiven Denkens oder »Kraftprinzipien«, wie ich sie gerne nenne. Egal, an welchem Platz wir stehen, wir können immer positive Gewohnheiten anwenden. Hier sind sie:

1. Begeistert sein.
2. Das Gute sehen.
3. Das Beste erwarten.

4. Lernen, daß »ich den Umschwung bewirken kann«.

5. Glauben!

Dr. Chopra wurde in der Folge als Schulinspektor in einen der großen Schuldistrikte des Landes berufen, die Shawnee-Schulen in Kansas City und Umgebung.

Eine alte Redensart lautet: »Man weiß nie, was der Tag bringt.« Man hat immer nur einen Tag aufs Mal. Keiner ist wie der andere, keiner ist bloß eine Routinesache von weiteren vierundzwanzig Stunden. Dieser Tag, jeder Tag kann Ihre goldene Gelegenheit in sich bergen, vielleicht sogar die ganz große Chance Ihres Lebens. Sie können heute eine Entscheidung treffen, die möglicherweise Ihr ganzes künftiges Dasein bestimmt. Seien Sie wachsam, damit Ihnen nichts entgeht.

Wenn Sie Gelegenheiten versäumt haben, dann wenden Sie Ihre Gedanken dem Heute zu. Lernen Sie aus der Erfahrung, aber bleiben Sie nicht im Bedauern stecken. Erkennen Sie den kostbaren Wert des jetzigen, neuen Tages an. Halten Sie sich andere, größere Gelegenheiten vor Augen, die noch auf Sie warten. Vor allem aber schätzen Sie die Gelegenheit nie gering, die mit einer harten Situation einhergeht. Gold steckt oft in hartem Fels; vielleicht gilt das auch für die Chance Ihres Lebens. Mit positivem Denken können Sie Großes schaffen, wenn Sie daran glauben, daß das Heute Ihnen gehört, und es ergreifen.

Ich habe das Privileg, bei vielen »Positives Denken«-Versammlungen oder, wie solche Zusammenkünfte manchmal heißen, »Erfolgsmotivations-Tagungen« sprechen zu dürfen. Sie ziehen in der Regel große Zuhörermengen von fünf- bis zehntausend Menschen an, zumeist jüngere Männer und Frauen, die herkommen, um sich mehrere Redner anzuhören, weil sie den Vorsatz haben, mehr aus ihrem Leben zu machen. Oft kaufen Arbeitgeber, die ihre Angestellten ermutigen wollen, gleich blockweise Eintrittskarten für diese Veranstaltungen.

Alle Redner können zweifellos von Leuten erzählen, deren Leben bei solchen Versammlungen eine Wende erfuhr. Große Zusammenkünfte haben etwas an sich, eine gewisse schöpferische Atmosphäre, die für Wunder des Persönlichkeitswandels wie geschaffen scheint. Jedenfalls haben mir immer wieder Frauen und Männer gesagt, daß »etwas mit ihnen geschehen« sei, daß sie nicht mehr so waren wie vorher. Sie wurden zielbewußt; sie entdeckten in sich Kräfte, von denen sie nichts geahnt hatten. An jenem bestimmten Tag waren sie neue Menschen geworden, selber überrascht von den bisher unbekannten schlummernden Möglichkeiten. Sie hatten gemerkt, daß es ihr Tag war, sie hatten ihn gepackt und sich auf den Weg zu ihrem persönlichen Erfolg gemacht.

Eines Abends war ich mit zwei anderen Rednern an einer Motivationsversammlung in Chattanooga. Da ich als letzter an der Reihe war, setzte ich mich weit hinten auf die Galerie, um die Wirkung meiner Vorredner auf die Zuhörermasse zu beobachten. Ein zuvorkommender junger Mann rutschte beiseite, um mir den Randplatz zu überlassen, und bis die Veranstaltung begann, unterhielten wir uns angeregt. Aber er wußte nicht, wer ich war.

Kurz nachdem der erste Redner angefangen hatte, bemerkte ich, daß mein Nebenmann mit dem Kopf nickte und gleich darauf fest schlief. Er regte sich ein bißchen, als das Publikum bei einer humorvollen Bemerkung in Gelächter ausbrach, schlummerte aber weiter. Der Applaus am Ende der Rede weckte ihn auf. »War recht gut, nicht?« bemerkte mein Nachbar.

Wie können Sie das wissen? wollte ich fragen, unterließ es aber. Statt dessen sagte ich: »Der nächste Redner ist einer der besten. Er hat das Erfolgsgeheimnis für sich selbst entdeckt und erzählt davon. Ich weiß von vielen jungen Leuten, die nie vom Fleck kamen, die dann diesen Redner hörten und buchstäblich aus ihrer schläfrigen Gleichgültigkeit herausgesprengt wurden. Sie waren nachher die reinsten Feuerbälle und fabelhaft erfolgreich.«

»Da muß ich aber zuhören«, meinte er. Und zu meiner Überraschung hörte er wirklich zu. Der Redner schien den schläfrigen Burschen schon mit seinem ersten Satz zu packen: »Hören Sie, wer immer Sie sind, wo immer Sie sind: Dies kann Ihr großer Tag sein. Sie können schon in den nächsten Minuten anders werden. Ihr großes ungenutztes Potential kann Wirkung entfalten. Also hören Sie zu!« donnerte er. »Das Schicksal ruft Sie jetzt, an diesem Tag!«

Der junge Mann sank nicht in Schlummer. Er saß aufrecht da, lehnte sich vor, sog jedes Wort ein. Gebannt lauschte er die nächsten vierzig Minuten lang. Am Ende der Rede murmelte er: »Ich muß zu ihm, muß ihm die Hand drücken. Er hat mich angesprochen. Er hat mich angesprochen.« Mit einer kurzen Entschuldigung drängte er sich an mir vorbei und sauste die Galerietreppe hinunter auf die Bühne zu.

Ich habe ihn nie wiedergesehen, aber hinterher fragte ich den Redner, ob vielleicht ein hochaufgeschossener Jüngling mit blondem Haar mit mehr als dem üblichen Eifer nach seiner Hand gegriffen habe. »Ja, tatsächlich, und er sagte, es sei etwas mit ihm vorgegangen. Er erklärte, er werde diesen Tag nie vergessen.«

Mehrere Jahre danach fragte ich den gleichen Sprecher, ob er sich an den Zwischenfall erinnere. »O ja«, antwortete er, »und jener Bursche ist eines meiner großartigsten Beispiele dafür, wie jemand unter dem Einfluß einer einzigen Minute der Motivation, die wirklich einschlägt, seinen Tag finden und ergreifen kann und nie mehr der Versager von früher ist.«

Wir wissen nie im voraus, wann unser großer Augenblick kommen wird. Wenn wir indessen überzeugt sind, daß unser Daseinszweck noch nicht erfüllt ist, dann wird unser Tag kommen. Dann müssen wir ihn aber auch ergreifen und den Weg unseres Schicksals gehen.

Diese Lebenserfüllung kann jederzeit beginnen. Kann sein, daß sie sich für Sie gerade jetzt in Bewegung setzt, heute, beim Lesen dieses Buches. Wenn der Impuls stark genug, die Motivation eindeutig ist, kann jemand, der seine in ihm eingeschlossenen Möglichkeiten freisetzt, Erstaunliches zuwege bringen.

Vor kurzem weihte ich in einer großen Industrieanlage in Philadelphia eine Kapelle ein. Am Tag der Weihe füllte eine große Ansammlung führender Persönlichkeiten der Stadt die erlesene Kapelle, um dem Firmengründer Michael Cardone Ehre zu erweisen. Er und seine Frau hatten erst die Armut überwinden müssen, um schließlich diese große Fabrik für Hunderte von Arbeitern und Angestellten zu errichten.

Diese tüchtigen Leute hatten ihren Tag, als sie auf die Idee kamen, alte Automobilteile und Zubehör zu reparieren oder herzustellen, vom Scheibenwischer bis zum Motor. Viele Leute hätten die enormen Entwicklungsmöglichkeiten, die diese Idee barg, übersehen, und nur wenige hätten die Arbeit auf sich nehmen wollen. Die Cardones aber waren zuversichtlich, sie glaubten daran, daß Gott sie führte. Sie ergriffen den Tag und die Idee, aus alten Scheibenwischern und Motoren neue zu machen. Heute sind die Cardone Industries, ein Gebäudekomplex mit einer Kapelle zu Ehren Gottes im Zentrum, ein Musterbeispiel des amerikanischen Systems des freien Unternehmertums. Sie sind auch ein Musterbeispiel zweier gläubiger Menschen, die der Wahrheit »Das Heute gehört dir, ergreif es!« nachlebten.

Natürlich hat das positive Inangriffnehmen des Lebens einen Feind, einen tückischen, hinterlistigen Feind namens Entmutigung. Entmutigung lauert stets in der Nähe, um wenn immer möglich ihr niederdrückendes Werk zu tun, doch gibt es eine Waffe, die sie zunichte machen kann.

7. Kapitel

Der Plus-Faktor: Quelle des Mutes

Ein menschlicher Wesenszug, der seit Anbeginn der Zeit bewundert wird, ist die Fähigkeit, Gefahr oder Leiden tapfer auf sich zu nehmen. Und eng verwandt damit ist die Begabung, angesichts schwieriger moralischer Entscheidungen die richtige Wahl zu treffen. Wir nennen diese besonderen Tugenden Mut – und sehr wenige von uns können es sich leisten, selbstzufrieden festzustellen, daß sie ihn besitzen. Im Gegenteil, die meisten fürchten sich vor etwas, und wir sind nie ganz sicher, wie wir reagieren würden, wenn wir uns dem, was uns angst macht, ganz plötzlich zu stellen hätten.

Glücklicherweise steckt in jedem von uns eine verborgene Kraft, die uns helfen kann und auch hilft, in solchen Notfällen zu bestehen. Ich habe dieser Kraft den Namen Plus-Faktor gegeben, und immer wieder höre oder lese ich von ungewöhnlichen Ereignissen, bei denen sie Menschen in gefährlichen oder verzweifelten Situationen durchströmte und sowohl mit fast unfaßbarer Stärke und Ausdauer als auch mit jener Furchtlosigkeit versah, die wir Tapferkeit oder Heldenmut nennen.

Stellen Sie sich vor, was vor ein paar Jahren an einem Pazifikstrand in der Nähe von San Francisco geschah. Es war Anfang Mai. Zwei Neuabsolventen des San Francisco State College, Shirley O'Neill und Albert Kogler, gingen schwimmen. Sie sprangen in die Brandung, Al voraus, schwammen durch die Brecher und ließen sich im tiefen, ruhigen Wasser etwa fünfzig Meter vom Ufer entfernt gemütlich treiben. »Weitaus schöner, als in der Bibliothek zu sitzen, was?« meinte Al, und Shirley nickte zufrieden. Was keines von beiden wußte, war, daß aus der Tiefe eines der furchterregendsten, vernichtendsten Lebewesen auf sie zusteuerte, das es gibt: ein großer weißer Hai.

Im Reich der Tiere ist der weiße Hai der gefürchtetste Killer. Oft erreicht er eine Länge von viereinhalb Metern, eine Tonne oder mehr stromlinienförmiger Muskelmasse; die mächtigen Kiefer mit den dreieckigen, rasiermesserscharfen Zähnen vermögen ohne weiteres einen Seelöwen oder einen Menschen in zwei Hälften zu zerteilen.

Shirley hörte einen Schrei, als ein riesiger grauer Umriß sich plötzlich in die Luft zu erheben und auf Al zu stürzen schien. Sein Kopf, mit einemmal rot von Blut, verschwand unter Wasser, tauchte wieder auf, war verzerrt von Todesangst. »Fort, Shirley!« kreischte er, »fort! Es ist ein Hai!«

Shirley O'Neill war es, als hörte ihr Herz zu klopfen auf. Eine Sekunde lang konnte sie sich nicht rühren. *Fort!* schrie jede Faser in ihr, *fort!* Sie wandte sich dem Ufer zu, von namenlosem Grauen gepackt. Der Tod war bei ihr im Wasser. Der Tod wollte sie als nächstes Opfer. Dessen war sie sich sicher.

Dann aber schwamm sie nicht weiter. Etwas ließ sie

innehalten. Etwas zwang sie zurück, zurück in das rotgefärbte Wasser, wo der Hai noch immer um sich schlug, zurück dahin, wo das jetzt blutrote Meer kochte und wirbelte. Sie schwamm zurück zu ihrem Freund. Sie wollte nach seiner Hand greifen und fuhr entsetzt zurück: Sein Arm war an der Schulter abgerissen.

Bestimmt würde der Hai wiederkommen. Bestimmt würde er erneut angreifen. Bestimmt hatte dieses junge Mädchen jeden Anlaß und Grund, sich selbst in Sicherheit zu bringen.

Doch sie brachte sich nicht in Sicherheit. Sie schwamm zu Al und legte ihm den Arm um die Brust. »Lieg still, Al. Versuch nicht zu schwimmen. Lieg still!«

Auf dem Rücken, mit dem freien Arm rudernd, mit den Füßen strampelnd, zog sie ihn dem Strand entgegen. Langsam, langsam, einen Blutstreifen nachziehend – Blut, das andere menschenfressende Ungeheuer anlocken konnte oder auch dasselbe Tier noch einmal. Wellen überspülten ihren Kopf. Alberts Körper schien mit jeder Sekunde schwerer zu werden. Doch er lebte noch. Sie würde ihn nicht aufgeben.

Jetzt waren sie in der Brandung, und ihre Füße berührten Boden, aber sie konnte nicht mehr weiter. Sie konnte nur schwach um Hilfe rufen, und das Rauschen der Brandung erstickte ihre Rufe. Wie durch ein Wunder wurde sie von einem Fischer weiter unten am Strand gesehen. Blitzschnell kam er näher und warf seine Angelschnur treffsicher dicht neben Shirley ins Wasser. Sie wand sie sich um die Taille, er haspelte sie ein und schleppte Shirley und ihre verwundete, blutende Last ins flache Wasser.

Jetzt liefen die Leute von allen Seiten herzu. Jemand legte eine Decke über Al. Er war noch bei Bewußtsein, wenn auch nur knapp, und Shirley O'Neill, eine Katholikin, die wußte, daß Al nie etwas von irgendeiner Religion hatte hören wollen, fragte ihn, ob sie ihn taufen dürfe. Als er nickte, holte sie in ihrer Badekappe Wasser aus dem Meer, kniete neben Al nieder, zeichnete das Kreuz auf seine Stirn und taufte ihn »im Namen des Vaters, des Sohnes und des Heiligen Geistes«. Dann wurde eine Bahre gebracht und Al ins Spital gefahren. Zwei Stunden später starb er.

So endete das Leben, das Shirley O'Neill zu retten sich bemüht hatte. Doch ich denke, gläubige Menschen würden sagen, daß für Albert Kogler das ewige Leben begann. Die Frage ist, was war das für eine Kraft, die angesichts der furchterregendsten aller Gefahren eine junge College-Schülerin überkam und ihr den Mut und die Selbstlosigkeit zu ihrem Handeln verlieh?

Es gibt Menschen, die noch keine große Angst erlebt haben, die noch keine frühere große Angst, kein »eingebautes« tiefes Grauen in sich tragen, so daß in einer unvorhergesehenen Krise wie dieser vielleicht das Mutreservoir noch nicht angebraucht ist. Kann aber der Plus-Faktor auch in Erscheinung treten, wenn eine alte, tiefverwurzelte Furcht besteht, die die ganze Persönlichkeit eines Menschen durchdrungen hat? Ich glaube ja. Nehmen wir nur den Fall von Naomi Clinton aus Camden (South Carolina).

Es gibt Menschen, die mit einer schrecklichen Angst vor Feuer durchs Leben gehen, was meist die Folge eines traumatischen Kindheitserlebnisses ist. So jemand war Naomi Clinton. Als sie drei Jahre alt war, brannte ihr Elternhaus bis auf den Grund nieder. Sie wurde zwar von ihrer Schwester heil hinausgetragen, aber sie erinnerte sich, in die Flammen gestarrt und vor Schrecken entsetzlich geschrien zu haben. Jahre später zerstörte erneut ein Brand das Heim ihrer Familie und legte es in Schutt und Asche. Sooft Naomi danach ihr eigenes Haus und ihre Kinder verließ, bangte sie um deren Sicherheit. Die Angst vor dem Feuer begleitete sie stets.

Als Naomi Clinton eines Tages von einer geschäftlichen Tagung in Florida nach Hause fuhr, sah sie eine kurze Strecke vor ihr eine schwarze Rauchsäule von der Autobahn aufsteigen. Beim Näherkommen bemerkte sie mehrere Autos am Straßenrand und eine Handvoll Leute, die entsetzt auf einen Lastwagen starrten, der sich überschlagen hatte und in Flammen ausgebrochen war. Öltonnen, die aus dem Laster gefallen waren, lagen herum. Naomi Clinton hatte das Bedürfnis, die Augen abzuwenden und weiterzufahren, doch die Flammen züngelten jetzt höher und blockierten die Straße. Sie mußte anhalten. Schon fühlte sie, wie die altvertraute Angst sich ihrer bemächtigte, aber sie stieg aus und gesellte sich zu den Zuschauern.

In diesem Augenblick sah sie etwas wie einen Haufen Schutt neben dem Lastwagen. Dann bewegte sich der Schutt. Es war kein Schutt. Es war der Lastwagenfahrer, der dort im Feuer lag. Während Naomi Clinton hinsah, hob sich eine Hand aus den Flammen, winkte, flatterte. Schließlich hob der brennende Mann irgendwie den Kopf und schaute sie durch den Rauch hindurch an.

Diesen Augenblick sollte Naomi nie mehr vergessen. »Ich konnte seine Augen sehen. Sie waren voller Entsetzen, weit aufgerissen. Und sein Mund bewegte sich. Ich sah den Schrei auf seinen Lippen, so schwach, daß ich ihn nicht zu hören vermochte. Das Donnern des Feuers deckte ihn einfach zu. Alle anderen standen einfach da und starrten.

In diesem Augenblick überkam mich ein unbeherrschbares Gefühl. Bevor ich etwas dachte oder mir nur etwas einfiel, lief ich los, auf den brennenden Mann zu. Jemand schrie: ›Machen Sie keinen Blödsinn! Die Öltonnen werden jeden Moment explodieren!‹ Der Arm des Fahrers sank zu Boden, hob sich erneut. Er schien zu sagen: *Hilf mir! Ich brenne!*

Meine Feuerangst zerrte an mir, rief: ›Nein! Nein! Nein!‹ Doch eine Macht, die viel stärker war als Furcht, eine Macht, die ich nicht begreife, übernahm die Herrschaft. Ich schüttelte den Mann ab, der mich zurückzuhalten versuchte, und rannte durch das brennende Gras zu dieser geschwärzten, ausgestreckten Hand. Die Kleider des Fahrers standen in Flammen. Er wollte sich aufrichten, konnte aber nicht.«

Naomi Clinton war nur 50 Kilo schwer. Irgendwie gelang es ihr, den Mann unter den Armen zu fassen und von dem lodernden Lastwagen wegzuzerren. Die Hitze schlug Blasen in ihre nackten Arme und Beine. Rundum war Feuer. Ein Autoreifen explodierte knallend und überschüttete sie mit brennenden Gummifetzen, die ihren Hals verletzten und ihre Haare ansengten. Sie aber zog den Mann immer weiter aus dem brennenden Gras und auf die Straße. Dann schlug sie mit bloßen Händen auf seine rauchenden

Kleider ein und warf sich schließlich über ihn, um die Flammen mit ihrem eigenen Körper zu ersticken.

Als endlich die Polizei und ein Krankenwagen eintrafen, war Naomi in einem solchen Angst- und Schockzustand, daß sie kaum imstande war, Fragen zu beantworten. Als sie zu ihrem Wagen zurückgehen wollte, gaben ihre Beine nach, und sie sank zu Boden.

Der Lastwagenfahrer hatte schwere Verbrennungen erlitten, aber er überlebte. Naomi Clinton erhielt vom Gouverneur von South Carolina eine Auszeichnung für heldenhaftes Verhalten und später eine silberne Carnegie-Medaille.

Wie brachte sie so etwas fertig, diese zierliche kleine Frau, die das Grauen vor dem Feuer doch immer gelähmt hatte? Sie brachte es fertig, weil, um es mit ihren eigenen Worten zu sagen, »eine Macht, die viel stärker war als Furcht, die Herrschaft übernahm«.

Naomi war überzeugt, daß diese Macht geradewegs von Gott gekommen war. Und ich meine, sie hatte recht, denn dort kommt der Plus-Faktor auch her.

Es ist merkwürdig, wie oft Menschen, die in einem Notfall klug und stark reagieren, das Gefühl haben, diese Klugheit und Stärke sei nicht ihrem Willen oder ihrer Entschlossenheit entsprungen, sondern einer geheimnisvollen Quelle, die sie nicht beim Namen zu nennen vermögen. Sie sind in dieser Beziehung aufrichtig. So war es auch bei John Skerjanec, einem Leitungsaufseher bei der Southern-Colorado-Elektrizitätsgesellschaft.

Skerjanec hatte Starkstromleitungen in den Bergen westlich des Red Canyon Park kontrolliert und war auf dem Rückweg ins Büro. In einem Halbtonner fuhr er über die gewundenen Bergstraßen. Am frühen Nachmittag gelangte er zur US 50, einer zweispurigen Schotterstraße, unweit der Stelle, wo sie am sogenannten Eight Mile Hill in eine steil abwärts führende Strecke übergeht. Das war ein sehr gefährliches Straßenstück, auf dem in den vorangegangenen drei Jahren fünf Menschen umgekommen waren.

Als Skerjanec an der Kreuzung stoppte, sauste ein Personenwagen an ihm vorbei und so schnell das Steilstück hinunter, daß er sofort wußte, hier stimmte etwas nicht. Zwei Frauen saßen darin; die eine klammerte sich ans Steuerrad, die andere hatte die Arme hochgerissen und schrie. Offensichtlich hatten die Bremsen versagt, und dann war auch das Getriebe ausgefallen. Völlig außer Kontrolle raste der Wagen den Berg hinunter, mindestens acht Kilometer steile Rampen und Haarnadelkurven vor sich.

Skerjanec schwang sein Gefährt um die Einbiegung, dem »durchgegangenen« Auto nach, und trat aufs Gas. »Und es war eigenartig«, erzählte er später: »Ich plante bereits genau, was ich tun würde. Die Idee schien aus dem Nichts einfach dazusein. Ich weiß nicht, wie ich darauf gekommen bin, aber es erschien mir als die einzige Möglichkeit, wie ich die beiden Frauen davor bewahren konnte, von der Straße in den Abgrund zu fliegen. «

Deren Wagen pfeilte mit 120 Stundenkilometern abwärts. Skerjanec brauchte mehr als anderthalb Kilometer, um ihn einzuholen. Er wußte, daß sich weiter vorn ein etwa anderthalb Kilometer langes, relativ gerades Straßenstück anschloß. Wenn er überholen wollte, mußte es dort geschehen. Er drückte das Gaspedal durch, der Lieferwagen schoß vorwärts, die Nadel am Tacho zeigte auf 136 Stundenkilometer.

Jetzt rasten sie nebeneinander die Straße hinunter. Die Gefahr für beide Wagen war enorm: wenn sich auch nur die Schutzbleche berührten, bedeutete dies den Tod für alle Insassen. Skerjanecs Denken aber war nur auf die Idee fixiert, »die aus dem Nichts da war«. Er überholte und beobachtete dabei den anderen Wagen im Rückspiegel. Als er ihn genau hinter sich hatte, verlangsamte er die Fahrt ein wenig und hoffte, die Dame am Steuer werde nicht in Panik geraten. Er wartete, bis die Stoßstangen sich berührten. Der Stoß trieb die beiden Wagen auseinander, aber er wußte, daß die Frau begriff, was er vorhatte, und ihm zu helfen versuchte. Die Stoßstangen prallten erneut zusammen, und diesmal behielten sie den Kontakt. Ganz sachte und stufenweise betätigte Skerjanec die Bremsen. Als die Geschwindigkeit nachließ, schaltete er in den zweiten Gang. Vorne war bereits eine scharfe Kurve zu sehen. Aber die von Bremsen und Motor bewirkte Hemmkraft genügte. Dicht vor der Kurve kamen beide Wagen zum Stillstand.

Woher kam das »Gewußt wie«? Und die Entschlossenheit? Und das fahrerische Können? Und der Mut? Der Mut, der es John Skerjanec ermöglicht hatte, sein Leben aufs Spiel zu setzen im Versuch, zwei völlig fremde Menschen zu retten? Kein Zweifel: Der Mut stammte aus derselben Quelle wie der Mut von Naomi Clinton. Er stammte von der Gottesgabe, die ich den Plus-Faktor nenne.

Mut äußert sich nicht immer in einer körperlichen

Tat. Es gibt auch einen moralischen Mut: die Art Mut, die jemanden befähigt, das zu tun, was er oder sie für richtig hält, obwohl – oder gerade wenn – etwas anderes vielleicht nützlicher wäre. Viele große Menschen der Geschichte zeigten diesen Mut – und waren eben deshalb groß. Martin Luther, als er beim Reichstag zu Worms seinen Verleumdern gegenüberstand und sagte: »Es ist weder klug noch vernünftig, etwas gegen die Gebote des Gewissens zu tun. Hier stehe ich: ich kann nicht anders.« Abraham Lincoln, als er vor der Krise des Bürgerkrieges stand. Einige seiner Ratgeber fanden, er sollte nicht zur Gewalt greifen. Horace Greeley sagte zu ihm: »Wenn Sie verlieren, tränken Sie das Land mit Blut; wenn Sie siegen, heften Sie das Land nur mit Bajonetten zusammen.« Lincoln aber hatte die Vision eines vereinten Landes und den moralischen Mut, für dessen Bewahrung zu kämpfen. Weil er durchhielt, ist Amerika das, was es heute ist.

Zuweilen greift moralischer Mut auch in das durchaus körperliche Reich des Sports über. An einem Dezemberabend starrte ein junger Football-Coach durch ein Hotelfenster in Birmingham in die dunkle Nacht von Alabama hinaus. Er befand sich in einer Situation, von der er gehofft hatte, sie nie erleben zu müssen. Er war erst seit relativ kurzer Zeit Cheftrainer am Georgia-Technikum, hatte es aber geschafft, dem langanhaltenden Abwärtstrend der Football-Mannschaft eine Wende zu geben. Seine »Gelbjacken« hatten während der ganzen Saison hart gekämpft und schließlich die Chance errungen, am Silvesterabend gegen die favorisierte Mannschaft aus Michigan um den Nationalpokal, die All-American Bowl, zu spielen. Sie waren die klar

Schwächeren, doch Trainer Bill Curry hatte großes Vertrauen in sie ... gehabt.

Eben hatte er erfahren, daß vier der wichtigsten Spieler seiner Mannschaft ihre Trainingsregeln gebrochen hatten. Allen Spielern war gesagt worden, daß Kondition von äußerster Wichtigkeit sei; man erwarte von ihnen, daß sie sich jederzeit an die Trainingsvorschriften hielten. Jeder Verstoß, warnte man sie, würde disziplinarische Maßnahmen nach sich ziehen. Ob sie das verstünden, waren sie gefragt worden. Alle hatten ja gesagt.

Trotzdem hatten sich, nur achtundvierzig Stunden vor diesem entscheidenden Spiel, vier der Jungen nicht an die Sperrstunde gehalten. Nach einem gemeinsamen festlichen Abendessen, das Spannungen lockern und überbeanspruchte Nerven beschwichtigen sollte, hätten sie zu einer bestimmten Zeit schlafen gehen sollen. Als aber die Trainerassistenten nachsahen, waren vier Spieler nicht dort, wo sie sein mußten: im Bett.

Wie sollte die Strafe aussehen? Wenn der Coach sie disqualifizierte, vor diesem ausschlaggebenden Kampf nach Hause schickte, war es so gut wie sicher, daß die Tech-Mannschaft verlor, denn sie gehörten zu den Spitzenkönnern. Nirgendwo in den Vereinigten Staaten ist der Sieg in Football-Spielen so wichtig wie im tiefen Süden. Wenn Curry seine vier Sünder sperrte und verlor, würde es einen wilden Sturm der Entrüstung absetzen. Schon bei der Bekanntgabe seiner Absicht würde enormer Druck auf ihn ausgeübt werden, die Strafe aufzuheben. Die ganze Sympathie und die Popularität, die er sich in diesem Jahr erworben hatte, würden auf der Strecke bleiben. Das seit Jahren wichtigste Spiel der Tech-Mannschaft war kaum zu retten. Andererseits . . .

Andererseits hatten die Spieler die Vorschriften gekannt. Sie hatten wissentlich dagegen verstoßen. Wie sollten sie jemals lernen, wie wichtig Disziplin und Selbstbeherrschung sind, wenn man ihnen bloß auf die Finger klopfte und sie dennoch spielen ließ? Und wie mußte denen zumute sein, die sich an die Regeln gehalten hatten? Was war das *Richtige*?

Als er sich diese Frage stellte und um Klarheit betete, wußte Coach Curry die Antwort. Er gab die Order heraus: Die vier fehlbaren Spieler durften nicht antreten.

War hier der Plus-Faktor am Werk? Natürlich. Er ist immer am Werk, wenn jemand bei einer schwierigen Entscheidung das moralisch Richtige wählt. Und wenn der Plus-Faktor in einer Situation den Ausschlag gibt, können erstaunliche Dinge passieren.

Wie bei jenem Pokalspiel. Der Ersatz-Quarterback, zum Beispiel, war noch ziemlich grün und hätte jede Menge Fehler machen können. Statt dessen lieferte er das Spiel seines Lebens. In den letzten Minuten gelang der Mannschaft ein Spielzug, der ihr zum unglaublichen 17:14-Sieg verhalf.

Wenn Sie an jenem Abend im Stadion gewesen wären, hätten Sie den Plus-Faktor nicht sehen können, denn er bleibt immer unsichtbar. Aber gespürt hätten Sie ihn, während da ein »Underdog«-Team, zusätzlich geschwächt durch das Fehlen seiner größten Stützen, sich in einer mächtigen Aufwallung von Mut und Entschlossenheit aufbäumte und das Spiel gewann.

Mut, heißt es in meinem Lexikon, sei »die Festigkeit des Geistes, die extremer Gefahr oder Schwierigkeit entgegentritt, ohne zurückzuzucken oder auszuweichen«. Das Wort »courage« selbst sei vom lateinischen Wort für »Herz« abgeleitet; tapfere Herzen haben den Mut, etwas zu ertragen, und ich meine, es ist oft der Plus-Faktor, der für diesen Mut sorgt. Lassen Sie mich zum Schluß dieses Kapitels eine Geschichte erzählen, die sich vor einigen Jahren in den waldigen Hügeln von Kentucky zutrug.

Marshall Clouse, der an jenem sonnigen Tag durch das dichte Unterholz drang, war ein glücklicher Mensch. Er war neunundsiebzig Jahre alt und auf einem Auge blind, aber er trug seine Kettensäge und anderen Holzfällerwerkzeuge noch mühelos, und er liebte diese Arbeit: Bäume zu fällen, die dann in die kleine Sägemühle gefahren wurden, die er seit zwanzig Jahren sein eigen nannte. Er hatte seinen Kleinlastwagen etwa hundert Meter entfernt geparkt, dicht neben der alten, unbefestigten Straße. Zum Abendessen wollte er wieder zu Hause sein. Niemand wußte genau, wo er war.

Er fällte zwei, drei Bäume ohne Schwierigkeiten. Dann, als eine hohe Pappel sich neigte, verfing sie sich im Geäst eines anderen Baumes. Marshall Clouse sägte den Stamm eines dritten durch, in der Hoffnung, dieser werde den steckengebliebenen mitreißen. Das geschah aber nicht, und er wandte sich ab – in dem Augenblick, als beide Bäume donnernd niederkrachten und ihn zu Boden schlugen. Als er aus seiner Bewußtlosigkeit erwachte, mit aufgerissenem, blutendem Gesicht, waren seine beiden Beine unter einem der gestürzten Bäume festgeklemmt, die Knochen zerschmettert, die Schmerzen fast unerträglich.

Vermutlich hatte er noch nie etwas vom Plus-Faktor gehört. Zeit seines Lebens aber hatte er an eine Macht geglaubt, die größer war als er, und an diese wandte er sich nun um Kraft und Mut. Irgendwie schaffte er es mit Hilfe eines Schraubenziehers, den er in der Tasche seines Overalls hatte, seine zerschlagenen Beine unter dem Baum hervorzugraben. Bewegen aber konnte er sie nicht. Als er versuchte, sich zum Kriechen auf den Bauch zu drehen, blieben seine Füße in Ranken und Zweigen hängen, was die Qualen noch verschlimmerte. Die einzige Art, wie er sich fortbewegen konnte, war, daß er sich rücklings, auf die Ellbogen gestützt, Zentimeter um Zentimeter dahinschleppte.

Mancher auch nur halb so alte Mann wäre unter dem Schmerz und Schock zusammengebrochen. Er hätte die Tatsache hingenommen, daß der Lastwagen hoffnungslos weit weg, völlig außer Reichweite, war, und wäre lieber still liegengeblieben, als die Marter jeder Bewegung zu ertragen.

Etwas im Innern von Marshall Clouse jedoch weigerte sich, klein beizugeben. Zentimeter um quälenden Zentimeter schleppte er sich auf dem Rücken weiter, durch das Gewirr des Unterholzes, über scharfkantige Steine; Blut floß ihm von der Stirn, das Hemd war in Fetzen, die Beine hingen hilflos an seinem Körper. Stunde um Stunde mühte er sich ab, während die Sonne allmählich unterging und sich nächtliche Kälte über den schweigenden Wald senkte. Immer wieder biß er sich auf die Lippen, um nicht laut zu schreien, bis er – vier Stunden nachdem der Baum ihn getroffen hatte – endlich neben seinem Wagen lag.

Er öffnete die Tür und reckte die Hand, um sich am Steuerrad hochzuziehen. Das Steuerrad war dicht über seinen zitternden Fingern. Noch einmal versuchte er es, vor Schmerzen aufstöhnend. Er konnte es nicht erreichen. Hier hätte jeder weniger starke Mann, einer, der nicht von unbezwingbarer Entschlossenheit durchdrungen gewesen wäre, aufgegeben. Doch das tapfere Herz des Neunundsiebzigjährigen gab nicht auf. Langsam, unter Qualen, begann er aus Blättern, Erde, Zweiglein, allem, was er zu fassen bekam, einen kleinen Hügel zu bauen, und dann zog er sich hinauf. Wieder streckte er den Arm aus, ergriff das Steuerrad, bot seine letzten Kraftreserven auf und hievte sich in den Wagen.

Auch jetzt noch war er in einer furchtbaren Lage. Seine Beine waren unbrauchbar. Er konnte sie nicht benutzen, um die Bremsen oder den Gashebel zu betätigen. Das einzige, was er tun konnte, war, den Wagen zu starten, einen niedrigen Gang einzuschalten und, so gut es ging, zu lenken, während das Auto hügelabwärts rollte, zurück zur Hauptstraße, zu jemandem, der ihm helfen würde. Und das tat er denn auch.

Marshall Clouse verbrachte Wochen im Krankenhaus und dann Monate der Rekonvaleszenz zu Hause. Die Ärzte sagten ihm, er würde nie mehr gehen können. Heute aber geht er wieder. Nicht sehr gut vielleicht. Aber er geht.

Welche Kraft trug diesen neunundsiebzigjährigen

Alten durch eine solch schwere Prüfung hindurch? Marshall Clouse, der schon mehr als sechzig Jahre lang ein gläubiger Christ war, würde sagen, Jesus habe es getan. Und damit hätte er recht. Aber wäre es nicht fair, zu sagen, daß Jesus ihm zu Hilfe kam, indem er in seinem Geist und in seinem Körper den Plus-Faktor und die zusätzliche Kraft freisetzte, die es ihm möglich machten, schlimmste Verletzungen, einen schweren Schock, Blutverlust, marternde Schmerzen und scheinbar unüberwindliche Hindernisse zu überwinden?

Für mich gibt es überhaupt keinen Zweifel, daß in Marshall Clouse von einer Macht, die größer war als er selbst, der Plus-Faktor ausgelöst wurde. Und der Mut und die Kraft, die dieser ihm gab, retteten sein Leben.

8. Kapitel

Menschen, die wir lieben

Jedermann möchte geschätzt und geliebt werden; auch mir geht es nicht anders. Das Bedürfnis nach Anerkennung ist eine weitverbreitete menschliche Eigenschaft. Das ist auch der Grund, warum Dale Carnegies Buch »Wie man Freunde gewinnt« in so vielen Millionen Exemplaren verbreitet wurde. Das ist ferner der Grund, warum Zahnpasta, Mundwasser und Deodorant zu Millionen verkauft werden, und zwar auf Grund von Inseraten, die für einige Mark allgemeine Beliebtheit versprechen. Auf Schritt und Tritt begegnen wir dem Wunsch, beliebt zu sein.

Tatsächlich ist das Problem, mit andern Menschen gut auszukommen, keine Spitzfindigkeit, sondern etwas äußerst Wichtiges, das wir meistern müssen, wenn wir glücklich und erfolgreich sein wollen. Und wie soll dieses Ziel erreicht werden? Die erste Antwort klingt sehr einfach, aber sie ist von größter Wichtigkeit. Eines Tages aß ich mit zwei guten Freunden: C. K. Woodbridge und Carol Lyttle. Unser Gespräch befaßte sich hauptsächlich mit dem Problem eines erfolgreichen Lebens. Da die beiden Männer hervorragende Stellungen im Wirtschaftsleben einnehmen, fragte ich sie, welches die Grundvoraussetzungen für einen erfolgreichen Verkäufer seien. C. K. Woodbridge antwortete mir sofort: »Ein guter Verkäufer muß die Menschen gern haben. Selbstverständlich muß er auch an sein Produkt glauben und etwas davon verstehen. Er muß hart arbeiten und positiv denken. Doch vor allem muß er den Menschen Interesse und Freundschaft entgegenbringen.«

Ich glaube, daß dies tatsächlich auch die Grundlage im Umgang mit andern Menschen überhaupt ist. Wenn jemand andern Menschen wirkliche Sympathie entgegenbringt, wird man ihm bestimmt ebenfalls aufgeschlossener entgegentreten. Der erste Schritt, um beliebt zu werden, besteht darin, anderen Sympathie und Freundschaft entgegenzubringen, und zwar aufrichtig, nicht als Zweck.

Selbstverständlich ist dies nicht immer leicht. Doch je mehr man sich daran gewöhnt, andere Menschen gern zu haben, um so leichter wird es. Wir können uns natürlich nicht von einem Tag zum andern einreden, »von nun an liebe ich alle Menschen!« So einfach ist es nicht. Andere Menschen gern zu haben, ist das Ergebnis einer ganz bestimmten Lebensart, und die Grundlage dafür ist das positive Denken an sich. Man muß anderen Menschen eine positive Denkweise entgegenbringen, anstatt negative Gedanken zu hegen.

Ich bin immer wieder überrascht, wie oft ich den Ausspruch höre: »Ich begann jedermann gern zu haben«, wenn mir die Leute über die Ergebnisse positiven Denkens in ihrem Dasein erzählen. Hier nur einige wenige Beispiele aus verschiedenen Briefen: ». . . und dann begann ich tatsächlich jedermann gern zu haben; . . . und so empfinde ich heute: Ich liebe jedermann und habe keine Schwierigkeiten mehr im Umgang mit andern; ... dann erlebte ich etwas Sonderbares: Ich begann jedermann gern zu haben; ... bevor ich das Buch ›Die Kraft positiven Denkens‹ gelesen hatte, liebte ich nur mich selbst; dann aber stellte ich mein Selbst in den Hintergrund, und heute darf ich aufrichtig sagen, daß ich jedermann gerne habe.«

Es ist nicht so schwer, die Gründe für diese Erscheinung zu verstehen. Wenn die Menschen frei werden von Angst, Unruhe und Ichbezogenheit, entwickeln sie eine Daseinsfreude, die ihr ganzes Empfinden verändert. Die Welt hat ein neues Gesicht bekommen. Anstatt sich von ihr zurückzuziehen, entwickeln diese Menschen Sympathie, Vitalität und Charme; ihre Empfindungswelt strahlt automatisch positiv auf ihre Umwelt aus.

Wenn Sie sich primär nur mit sich selbst befassen, haben Sie wenig Chancen, zu jenen zu gehören, die beliebt sind. Um dies zu erreichen, müssen Sie zuerst Ihre Ichbezogenheit zurückstellen und sich auf andere Menschen konzentrieren. William James sagte: »Der tiefste menschliche Wunsch ist, Anerkennung zu finden.« Das aber gilt nicht nur für uns, sondern auch für andere. Unsere Mitmenschen möchten auch unsere Anerkennung finden! Wer jedoch nur mit sich selbst beschäftigt ist, findet nie die Zeit, andere zu beachten oder ihnen Anerkennung zu zollen. Und unser Mitmensch, der gerne unsere Anerkennung gewinnen möchte, geht leer aus und hat keinen Grund, von uns besonders begeistert zu sein.

Ich habe einen Freund, der von Natur aus ein positiver Denker ist. Das ist wahrhaft eine Gnade, denn die meisten Menschen müssen diese Fähigkeit erst entwickeln. Sein Name ist Charles Heydt. Charly gehört zu den großen Bewunderern unserer Welt. Und das Ergebnis ist, daß er überall beliebt ist. Wenn meine Sekretärin läutet und mir mitteilt, Charly Heydt verlange mich am Telefon, hellt sich mein Gesicht automatisch auf. Ich freue mich immer, mit ihm zu sprechen, weil Charly zu den Menschen gehört, die einen aufrichten. Wenn er in einer Zeitschrift einen Artikel von mir sieht, findet er immer Zeit, mich anzurufen oder mir einige Zeilen zu schreiben. »Lieber Norman, Dein Artikel war ausgezeichnet, das mußte wirklich einmal gesagt werden.«

Es ist kein Wunder, daß Charly überall beliebt ist. Wer es versteht, andere Menschen aufzurichten und zu ermuntern, wird überall gerne gesehen.

Einer meiner Leser erzählte mir eine Geschichte über Henry Ford, den ich sehr schätze. Eines Tages als die beiden zusammen aßen, fragte Ford plötzlich: »Wer ist dein bester Freund?«

Sein Begleiter nannte mehrere Namen, doch Henry Ford zog einen Bleistift aus der Tasche und schrieb damit auf das Tischtuch: »Dein bester Freund ist der, der deine besten Eigenschaften zur Entfaltung bringt.«

Wir müssen lernen, hinter den Handlungen unserer Nächsten den wahren Menschen und seine Persönlichkeit zu entdecken. Wer es fertigbringt, in jeder Situation ein wahres Interesse für andere aufzubringen, wird es erleben, daß die Betreffenden nicht nur ihm, sondern auch Drittpersonen Sympathie entgegenbringen.

Von einer Leserin in Philadelphia, die mit einem recht schwierigen Chef zusammenarbeiten muß, erhielt ich den folgenden Brief: »Als mich mein Chef kürzlich wieder abkanzelte, beschloß ich zu kündigen.

Sofort begann ich, mich nach einer neuen Stelle umzusehen, als ich jedoch Ihr Buch über positives Denken zufällig zu jener Zeit las, dachte ich, nun wäre eine gute Gelegenheit, diese Theorien in die Praxis umzusetzen.

Ich schrieb meinem Chef einen Brief und sagte ihm darin, daß ich sehr dankbar sei, von ihm mit einer verantwortungsvollen Arbeit betraut worden zu sein und für seine Firma arbeiten zu dürfen, doch ich habe das Gefühl, daß er seinen Umsatz verdoppeln könnte, wenn es ihm gelänge, eine bessere Arbeitsatmosphäre zu schaffen. Ich fragte ihn, ob es ihm bewußt sei, daß jedesmal, wenn er einen seiner Mitarbeiter in sein Büro rufe, dieser praktisch einen kleinen Schock erhalte. Jedermann werde auf das Klingelzeichen des Chefs nervös, lasse alles fallen, was er gerade in der Hand habe. Ich sagte ihm, daß ich gerne christlich denken und handeln möchte, doch wie es möglich wäre, daß unter solchen Bedingungen jedermann dem andern Sympathie und etwas Liebe entgegenbringen könne?

Diesen Brief schrieb ich vor einigen Wochen. Bis heute hat man mich nicht hinausgeworfen, hingegen haben sich die Arbeitsbedingungen um 90 Prozent gebessert, und jedermann fühlt sich freier und glücklicher. Es ist mir bewußt, daß sich mein Chef unter Entbehrungen und mit harter Arbeit emporarbeiten mußte, so daß ich viele seiner Handlungsweisen verstehen kann. Gerade darum aber werde ich meine Anstrengungen verdoppeln, ihm eine wirkliche Hilfe zu sein.«

Diese Frau, welche begriffen hat, um was es beim positiven Denken geht, hat in einer schwierigen Situation vernünftig gehandelt. Sie hat bei ihrem gefürchteten Chef hinter die Kulissen geblickt und erkannt, daß er so handelte, weil er sich innerlich unsicher fühlte. Indem sie die tieferen Ursachen seines Handelns beachtete, hob sie das ganze Problem auf ein höheres Niveau. Ihre Fähigkeit, die Sorgen anderer anzuhören und ihnen zu helfen, brachte ihr auch die Sympathie ihrer Kollegen, und jedermann schätzte sie mehr und mehr. Sie wußte, daß es im Umgang mit andern oft mehr auf unser Verhalten als auf Worte ankommt – und weil wir meistens diesen Grundsatz zu wenig beachten, funktionieren unsere menschlichen Beziehungen nicht so, wie es möglich wäre.

Die meisten von uns können übrigens auch nicht richtig zuhören. Die Kunst zuzuhören ist jedoch eines der großen Geheimnisse im Umgang mit anderen. Wir sind meistens geneigt, viel zuviel selber zu sprechen, wenn uns jemand eines seiner Probleme schildern möchte. Wir versuchen, Ratschläge zu erteilen, obgleich es wichtiger wäre, zu schweigen und zuzuhören. Diese Geduld ist es, was der andere jetzt braucht.

Mein Freund, der Schriftsteller Arthur Gordon, erzählte mir eine packende Geschichte über den Zeitungsredakteur einer kleinen Stadt. Dieser arbeitete oft bis spät in die Nacht hinein. Eines Tages, kurz nach Mitternacht, klopfte es an seine Tür. Auf seinen Ruf

»herein« öffnete sich die Tür, und er erblickte das verstörte Gesicht eines Nachbarn, der kürzlich durch einen tragischen Unfall seinen kleinen Sohn verloren hatte. Der Redakteur kannte die traurige Geschichte: Der Mann hatte mit seiner Frau und seinem Sohn eine Bootsfahrt unternommen. Das Ruderschiff war gekentert, die Frau wurde gerettet, aber das Kind ertrank. Seit jener Tragödie war der Mann nicht mehr recht zur Besinnung gekommen. Er irrte in den Straßen umher, und angelockt durch das Licht im Büro des Redakteurs und vielleicht, weil er hoffte, bei ihm etwas Trost und Verständnis zu finden, war er hereingekommen.

»Nimm Platz, Bill«, sagte der Redakteur, »und ruhe dich etwas aus.«

Der Unglückliche setzte sich und verharrte schweigend. Und jetzt tat der Redakteur etwas Wesentliches: Anstatt nun den Besucher mit einem Wortschwall zu überschütten, fuhr er einfach in seiner Arbeit fort, als ob niemand da wäre. Nach einer Weile fragte er: »Möchtest du eine Tasse Kaffee, Bill?« Und er übergab dem Besucher eine dampfende Tasse und sagte: »Trinke das – es wird dich erwärmen.« Sie tranken den Kaffee, doch noch immer entwickelte sich kein Gespräch.

Nach einer weiteren Zeitspanne sagte der Nachbar: »Ich bin noch nicht fähig, darüber zu reden.«

»Das ist ganz in Ordnung. Sitze nur hier, solange du willst, ich werde einfach in meiner Arbeit fortfahren.«

Etwas später sagte Bill: »Nun bin ich bereit, zu sprechen.« Und eine volle Stunde erzählte er alles, was ihn bedrückte. Der Redakteur hörte aufmerksam zu. Bill erzählte die ganze Tragödie nochmals mit allen, auch den kleinsten Einzelheiten, was geschehen war und was geschehen wäre, wenn er dieses oder jenes getan oder nicht getan hätte. Er sprach bis ungefähr um drei Uhr morgens. Schließlich schwieg er und fügte bei: »Das ist alles, was ich dir heute nacht erzählen wollte.«

Der Redakteur stand auf, legte seinen Arm um die Schulter seines Besuchers und sagte: »Geh nach Hause, Bill, und versuche etwas zu schlafen.«

»Darf ich wiederkommen?«

»Jederzeit«, sagte der Redakteur, »wann immer du willst, am Tag oder auch während der Nacht. Gott segne dich, Bill.« Das ist alles, was der Redakteur unternahm: Er hörte ruhig zu, jedoch mit Sympathie und Liebe in seinem Herzen. Und jedermann in der Stadt schätzte ihn, gerade wegen dieser Eigenschaft. Er ermunterte die Menschen dazu, ihre Probleme auszusprechen und dadurch selber ihre Lösung zu finden.

In Ottumwa lebt Al Stevens, der ebenfalls um das Geheimnis des schöpferischen Zuhörens weiß. Al Stevens arbeitet für ein Geschäft, das nicht leicht zu führen ist und oft auf großen Widerstand stößt. Er ist der Rechnungseinzieher für eine Inkasso-Gesellschaft. In dieser Eigenschaft muß er Geschäftsleute aufsuchen, sie an ihre Schulden erinnern und die fälligen Beträge einkassieren. Während Jahren arbeitete Al nach den üblichen Methoden solcher Unternehmen. Er suchte die Leute auf, erinnerte sie an ihre Verpflichtungen, und oft mußte er dabei ziemlich entschlossen und unmißverständlich auftreten. Eines Tages aber entdeckte er die Grundsätze positiven Denkens, und er ent-

schloß sich, seine Arbeit von nun an etwas anders an-
zupacken.

Er sagte sich, daß es sicher besser wäre, wenn er
seine Arbeit in einem positiven Sinne ausführe und
dabei in seinen Schuldnern Menschen sähe, die in ern-
sten Schwierigkeiten steckten und dadurch in Schulden geraten waren. Vielleicht wäre es besser, ihnen zu
helfen, ihre Probleme zu lösen.

So verwandelte sich die Inkassotätigkeit von Al Stevens langsam in eine solche der Beratung und der
Hilfe für andere Menschen. Bei seinem ersten Besuch,
nachdem er diesen Entschluß gefaßt hatte, traf er auf
eine siebenundzwanzigjährige Hausfrau, die einem
Lebensmittelgeschäft eine Rechnung schuldete, welche bereits sieben Monate alt war. Al redete zuerst
nicht vom Geld, sondern sagte: »Ich weiß, daß Sie Sorgen haben, denn sonst hätten Sie keine Schulden. Ich
bin überzeugt, daß wir damit fertig werden können,
wenn wir gemeinsam nach einer Lösung suchen.« Der
freundliche und positive Ton gab der Frau Vertrauen.
Al erfuhr, daß eine Reihe von Arztrechnungen die Er-
sparnisse der Familie aufgezehrt hatten. Schulden
und Niedergeschlagenheit waren die Folge. Der Ehemann wechselte oft seine Arbeit, und bald stellten
sich auch Unfrieden und Streit zwischen den Eheleu-
ten ein. Al gewann den Eindruck, daß es diesen Menschen an der Fähigkeit, etwas zu organisieren, man-
gelte. Es war ihnen nicht möglich, über ihre Schulden
hinauszusehen. Al erkannte seine Aufgabe: Er mußte
das Selbstvertrauen dieser Menschen wieder aufbau-
en und ihnen den Weg aus ihren Schwierigkeiten weisen. Er bat die junge Hausfrau, alle Schulden der Fa-

milie zu notieren und in einer andern Kolonne alle Einnahmen. Zusammen arbeiteten sie dann ein Abzahlungssystem aus.

»Wenn Sie jeden Tag 58 Cents auf die Seite legen, können Sie alle Ihre Schulden in einem Jahr abzahlen. Werden Sie dies fertigbringen?« fragte Al. Die junge Frau war überzeugt davon – und sie tat es auch. Neun Monate später hatte sie keine Schulden mehr, ihr Mann erhielt eine gute Stelle, und die Ehe steht wieder auf besseren Füßen.

Ist es verwunderlich, daß Al Stevens in seinem Arbeitsbezirk der »Schuldendoktor« genannt wird? Er ist so beliebt in seiner Stadt, daß viele seiner Schuldner ihm zu Weihnachten eine Karte senden! Wenn man positiv über seine Beziehungen zu andern Menschen denkt, wenn man ihr Handeln als eine Folge der Verhältnisse betrachtet, wenn man ihnen hilft, ihre Probleme zu lösen, wird man sehr schnell Vertrauen und Zuneigung gewinnen. Eine weitere wichtige Fähigkeit im Umgang mit anderen besteht darin, daß man die Menschen dazu bringt, sich selber zu akzeptieren. Es gibt sehr viele Leute, die nie gelernt haben, ihre eigene Individualität so zu nehmen, wie sie ist. Sie leiden innerlich unter diesem Zustand, und es fällt ihnen schwer, glückliche Beziehungen zu andern Menschen zu entwickeln.

Einer meiner Leser, ein Journalist und Redner, ist ungefähr einen Meter sechzig groß. Damit liegt er nur ganz wenig unter dem Durchschnitt. Doch seine kleine Körpergröße machte ihm schwer zu schaffen. Nie ließ er es zu, zusammen mit anderen fotografiert zu werden, damit man auf dem Bild nicht sehen konnte, daß er etwas kleiner war. In einem meiner Bücher las er zufällig den Satz: *Denke groß, bete groß, glaube groß, handle groß – und du wirst wachsen und groß werden.*

Dieser Grundsatz prägte sich dem Mann ein, und er begann ihn systematisch anzuwenden. Er nahm sich so, wie er war, und seine negativen Gedanken hinsichtlich seiner Körpergröße verschwanden. Ich hörte ihn sagen, daß die Größe eines Mannes sich nicht nach der Länge seiner Beine richtet, sondern nach seiner inneren Größe. Heute ist es so, daß selbst größere Männer zu ihm aufschauen, selbst wenn sie körperlich über ihm stehen. Unser Freund lernte sein wahres Maß zu finden. Oft sagt er mir, wie sehr er mich schätzt, weil eines meiner Bücher ihm geholfen hat, sich selbst zu finden und sich selbst zu akzeptieren. Ich selbst empfinde ähnlich gegenüber Menschen, die mir persönlich in ähnlicher Weise geholfen haben.

Früher war ich ständig um meine Fähigkeit zu sprechen besorgt, denn ich fühlte, daß es mir schwerfiel, die richtigen Worte zu finden. Dieser Mangel machte sich ganz besonders bemerkbar, wenn ich mit einer kleinen Gruppe von Menschen sprechen mußte. Seltsamerweise hatte ich keine Schwierigkeiten, vor einem großen Auditorium zu sprechen. War jedoch jemand mit akademischer Bildung und einem kultivierten Wortschatz anwesend, so litt ich unter einem starken Minderwertigkeitsgefühl. Wer mir half, diese Schwäche zu überwinden, war Hugh M. Pilroe, Professor des College für öffentliches Sprechen an der Universität Syracuse. Er lehrte mich, die Wichtigkeit des Grundsatzes zu erkennen, daß wir nie versuchen dürfen, irgend etwas nachzuahmen, dem Vorbild irgendeiner Person oder einer Mode zu entsprechen und zu folgen. »Benütze einfaches, alltägliches Englisch«, sagte er, »Worte, die jedermann leicht verstehen kann. Und sprich ganz auf deine Art; das wird vollkommen in Ordnung sein.«

Professor Pilroe gehörte zur selben Kirche wie ich, und ich war damals noch sehr jung. Ich bat ihn, meine Predigten vom Standpunkt der Redetechnik aus zu beurteilen und zu kritisieren. »Nie im Leben!« antworte er. »Wenn Sie Unterricht im öffentlichen Sprechen haben möchten, dann schreiben Sie sich an der Universität ein, und zahlen Sie das Unterrichtsgeld, und ich werde Sie im Rahmen der Klasse unterrichten. Doch wenn ich in Ihre Kirche komme, sind Sie der Lehrer, und ich bin der Zuhörer in der großen Schule unseres Herrn. Sie bleiben besser das, was Sie sind, und sprechen aus Ihrem Herzen!«

Ich werde diesen Mann bis ans Ende meiner Tage schätzen, denn er hat mir geholfen, mich selber zu akzeptieren und ich selbst zu sein. Sobald Sie anfangen, aufrichtiges Interesse am Schicksal anderer Menschen zu zeigen, wenn Sie sich um sie sorgen, werden Sie bald überall beliebt sein, und die andern Menschen werden Ihnen ebenfalls Interesse und Sympathie entgegenbringen. Diese Überlegungen führen dazu, daß wir eine gewisse Fähigkeit in der Kunst, anderen zu helfen, entwickeln müssen. Wer diese Fähigkeit beherrscht, kann immer der Zuneigung vieler sicher sein.

Einer meiner Leser führt ein Bekleidungsgeschäft in New York. Vor einigen Jahren befand sich das Geschäft in einer schweren Krise. Der Laden war düster und unfreundlich. Die Ware lag unordentlich auf den

Tischen herum, und der Besitzer selbst befand sich in einem Zustand der Depression, der Hand in Hand mit dem schlechten Aussehen seines Geschäftes ging.

Eines Tages erhielt er den Besuch eines alten Freundes. »Wie gehen die Geschäfte?« fragte dieser.

»Miserabel, ganz miserabel.«

Der Freund schaute sich das Geschäft näher an und sagte dann: »Das wundert mich auch nicht. Schau dir nur einmal den Zustand deines Geschäftes an. Was ist los mit dir, Fred? Früher hattest du einen der saubersten und attraktivsten Läden der Stadt.«

Der Geschäftsinhaber sagte: »Leider habe ich nicht genug Geld, um eine Renovierung vorzunehmen. Ich weiß, daß es nötig wäre. Wenn es mir nur gelänge, meine Außenstände einzutreiben, hätte ich genug Geld, um meinem Geschäft wieder das frühere gute Aussehen zu geben.«

»Warum kannst du deine Guthaben nicht hereinbringen?« fragte der Freund. »Das ist seltsam. Vielleicht kann ich dir dabei helfen. Würde es dir etwas ausmachen, mir die Namen der Kunden zu nennen, welche dir Geld schulden?«

Der Inhaber brachte seine Bücher und zeigte seinem Besucher eine Liste von 96 Kunden, die ihm Geld schuldeten. Dieser nahm einen Bleistift und machte bei einem Namen ein Zeichen. »Erzähle mir etwas über diesen Kunden«, sagte er.

Der Geschäftsinhaber blickte ihn erstaunt an: »Was meinst du damit?«

»Du kennst doch diesen Kunden! Also erzähle mir irgend etwas über ihn, seine Familie, seine Probleme, seine Interessen!«

Der Inhaber war erstaunt. »Natürlich weiß ich nichts über ihn. Dafür habe ich doch keine Zeit! Für mich ist er schlicht und einfach ein Schuldner, der mich nicht bezahlt.«

Der Bekannte wählte einen andern Namen aus. »Und dieser hier?« Doch die Antwort war dieselbe. Der Geschäftsinhaber mußte zugeben, daß er von seinen Kunden nicht mehr als zehn persönlich kannte.

»Möchtest du einen Versuch wagen? Dann sende alle diese Rechnungen noch einmal an deine Schuldner, doch dieses Mal sage für jeden Empfänger ein kleines Gebet. Darin wünschest du jedem einzelnen Glück und Freude mit den Kleidern, die du ihnen verkauft hast. Bete für das Wohlbefinden deiner Kunden. Und am unteren Ende der Rechnung füge eine kleine persönliche Bemerkung bei, zum Beispiel: ›Ich hoffe, daß Ihnen der Pullover Freude macht‹ oder ›Wenn Sie mit irgend etwas nicht zufrieden sind, kommen Sie zu mir, und wir werden sehen, was wir tun können.‹ Füge noch einige freundliche Worte bei, wie zum Beispiel ›Beste Wünsche‹ oder ›Ich hoffe, daß Sie und Ihre Familie sich wohl befinden‹.

Das wichtigste aber ist, daß du von nun an über alle deine Kunden persönlich Bescheid weißt. Wenn sie erneut in dein Geschäft kommen, denke nicht zuerst an den Verkauf, sondern daran, wie du deine Kunden am allerbesten bedienen und ihnen helfen kannst. Das sind keine Schuldner – es sind Menschen! Und deine Aufgabe besteht darin, ihnen durch dein Geschäft so gut wie nur möglich zu dienen.«

Der Geschäftsinhaber war nicht davon überzeugt, daß dieses Vorgehen richtig sei, doch er war an einem

Punkt angelangt, wo man alles versucht. Um seinem Freund eine Freude zu machen, willigte er in den Versuch ein. Er versuchte, für jeden seiner Schuldner zu beten und dann auf den neuen Rechnungen eine persönliche Bemerkung anzubringen.

Das Ergebnis war erstaunlich. Von den sechsundneunzig Schuldnern zahlte die Hälfte prompt den ganzen Betrag oder einen Teil davon. Andere schrieben zurück, daß sie die Verspätung bedauerten, jedoch am Monatsende die Sache in Ordnung bringen würden. Einige kamen sogar persönlich in das Geschäft, um ihre Rechnung zu bezahlen. Der Inhaber war so erstaunt, daß er beschloß, seine Anstrengungen in dieser Richtung zu verdoppeln. Von diesem Tag an entwickelte er eine neue Geschäftsphilosophie, und heute gehört er zu den beliebtesten Leuten in seiner Gemeinde. Die Leute sehen in ihm weniger den Mann, der ihnen etwas verkaufen will, als einen guten Freund, bei dem sie jederzeit Rat finden. Beliebt zu sein ist so einfach, wenn wir den andern wirklich helfen wollen.

Ich möchte hier eine andere charakteristische Eigenschaft beliebter Menschen erwähnen. Solche Menschen verstehen es, was immer auch geschehen mag, über den Dingen zu stehen. Nichts kann sie erschüttern, sie behalten ihren Humor und ihre Überlegenheit. In Kalifornien traf ich Frau Sadie Bunker, eine bemerkenswerte Dame von über 65 Jahren, die unter dem Namen »Fliegende Großmutter« bekannt ist. Drei Jahre zuvor hatte sie sich entschlossen, den Flugschein zu machen. Sie nahm Unterricht, erhielt die Bewilligung und fliegt heute ihr eigenes Flugzeug.

Kürzlich machte sie alle Prüfungen, die für den Blindflug notwendig sind, und sie sagte mir, jedermann sollte ein Flugzeug besitzen oder fliegen können. Wenn sie mit ihren Problemen nicht mehr fertig wird und nervös ist, sucht sie den Flugplatz auf, macht ihren Apparat flugfertig, und wenn sie einige tausend Meter in der Luft ist, verlieren ihre Sorgen auch an Gewicht. »Man blickt nieder auf die Erde, und man sieht alles mit anderen Augen an«, erklärte sie mir.

Nicht jedermann kann es sich leisten, ein Flugzeug zu besteigen, wenn ihn seine Probleme bedrücken, doch durch positive Gedanken können wir uns ohne weiteres über unsere Sorgen erheben. Wir müssen nur versuchen, immer über den Dingen zu stehen. Stellen wir uns einmal vor, daß irgend jemand uns kritisiert. Geht diese Kritik unter unsere Haut, verletzt sie unsere Gefühle, macht sie uns unsicher und mürrisch? Oder gelingt es uns, damit fertig zu werden und dadurch sogar die Menschen für uns zu gewinnen? Das Geheimnis besteht darin, weiterhin positiv zu denken.

Menschen, die es verstehen, Kritik in eine positive Situation zu verwandeln, sind überall beliebt. Eine der geachtetsten Persönlichkeiten in unserem Land ist der frühere Präsident Herbert Hoover. Vor einiger Zeit besuchte ich ihn und stellte ihm folgende Frage:

»Sie waren zu Ihrer Zeit zweifellos einer der meistkritisierten Männer der Vereinigten Staaten. Fast jedermann schien gegen Sie eingestellt zu sein, und es gehörte fast zum guten Ton, über Sie zu schimpfen. Heute jedoch sind Sie Amerikas ›Grand Old Man‹, und jedermann schätzt Sie, ganz gleich, wo er politisch steht. Hat es Sie damals nicht unsicher gemacht, als man Sie draußen heftig kritisierte?«

Herbert Hoover blickte mich erstaunt an und sagte: »Natürlich nicht.«

Gespannt fragte ich: »Warum nicht?«

»Alles, was wir im Leben tun müssen, ist, unseren Kopf zu gebrauchen. Wir haben unseren Verstand erhalten, um ihn zu nützen. Als ich mich entschloß, Politiker zu werden, besann ich mich darauf, was dies für mein Leben bedeuten würde. Ich bemühte mich, den Preis dafür klar zu sehen. Eines war klar: Ich würde stark kritisiert werden. Trotzdem entschloß ich mich, vorwärts zu gehen. Als ich später der Kritik ausgesetzt war, konnte mich dies nicht mehr überraschen. Ich hatte sie erwartet, und sie war eingetroffen. Dadurch war ich in der Lage, mit ihr fertig zu werden. Wie Sie sehen«, sagte er lachend, »ich bin ein positiver Denker.«

Für einen Augenblick schwieg Mister Hoover, dann sagte er: »Doch das ist nicht alles. Ich bin ein Quäker.« Er gab keine weitere Erklärungen über diese Feststellung ab, denn er wußte, daß ich ihn verstand. Quäker stellen den Frieden in den Mittelpunkt ihrer Bemühungen. Sie glauben, daß geistige und seelische Harmonie mit allen Schwierigkeiten fertig werden können. Indem Mister Hoover wußte, wie er mit der Kritik fertig werden konnte, wuchs er zu einem der bedeutendsten Politiker, und er wurde gleichzeitig einer der bestgeschätzten Amerikaner. Seine Philosophie könnte uns viel lehren, sei es im öffentlichen oder privaten Leben. Wir alle werden kritisiert, und wir können daran nichts ändern. Kritik ist eine der

Tatsachen des Lebens. Indem wir ihr offen entgegensehen, können wir die richtige Geisteshaltung gewinnen, um sie schöpferisch zu überwinden. Wer geistig auf etwas vorbereitet ist, kann dadurch nie allzusehr beeindruckt werden.

Senator Paul Douglas von Illinois erzählte mir von einer Quäker-Zusammenkunft, bei der er lernte, wie man mit der Kritik umgehen muß. Die Quäker üben sich bekanntlich auch im Schweigen. Oft sitzen sie während längerer Zeit da, ohne daß jemand ein Wort spricht. Bei jener Zusammenkunft sprach einzig und allein ein alter Mann, der folgendes sagte: »Wenn je jemand gegen Sie auftritt oder Sie kritisiert, dann versuchen Sie, durch jede Handlung, durch Ihren Blick und durch Ihre Worte zu zeigen, daß Sie ihn schätzen oder lieben.« Das war alles, was der alte Mann sagte, aber Senator Douglas konnte viel daraus lernen.

Auch die Bibel sagt, daß wir unsere Feinde lieben sollen, daß wir diejenigen, die uns Böses tun, segnen und für sie beten sollen. Wer diese Lehre in die Tat umsetzt, wird nicht nur seine Kritiker umstimmen, sondern er wird auch bei allen, die seine Handlungsweise beobachten, Sympathie gewinnen. Es ist eine Tatsache, daß die Menschen ihre Sympathie denjenigen zuwenden, die stark der Kritik ausgesetzt sind. Und wenn dann der Kritisierte nicht zurückschlägt und die Kritik ruhig über sich ergehen läßt, wird er dadurch so viele Freunde gewinnen, daß die Kritik selber dieser positiven Entwicklung hintennach hinkt.

Wenn die Bibel sagt, daß wir unsere Feinde lieben sollen, so handelt es sich hier tatsächlich um die subtilste Weise, mit der wir die Zuneigung anderer Menschen gewinnen können. Dadurch wird einmal mehr bewiesen, daß Jesus Christus der weiseste aller Lehrer des Lebens war.

Es ist ja so leicht zu hassen; es ist so leicht, negativ zu sein, und so einfach, pessimistisch zu werden. Es ist leicht, aber es ist auch ein Unglück, denn nie werden wir auf diese Weise wahrhaft glücklich werden, nie werden wir das werden, was wir sollten, nämlich Söhne des Reiches Gottes, das auch in uns lebt und wirkt.

Starke Persönlichkeiten, die andere anspornen, anregen, die Mut und Zuversicht und Hoffnung verbreiten, werden überall außerordentlich geschätzt. Wir alle brauchen Mut, Kraft und Hoffnung, und sehr oft haben wir ein dringendes Bedürfnis nach einer Aufmunterung. Wenn wir nun mit Menschen zusammentreffen, die von uns etwas von dieser geistigen Kraft aufnehmen können, ist es nur natürlich, daß wir für sie wichtig werden und in ihrem Herzen einen Platz gewinnen.

Ich selbst kenne den Einfluß solcher Persönlichkeiten auf mich. Wer erfüllt ist von einem starken Glauben an etwas, wer feste Ansichten und Überzeugungen hat, wer selbst danach lebt, verbreitet Vertrauen und wird nicht ohne Einfluß auf andere bleiben.

Ein von mir sehr geschätzter Freund, George E. Sokolsky, der berühmte Journalist, ist ein starker positiver Denker, in dessen Vokabularium Niederlage nicht existiert. George machte mehrere Krankheiten durch, und während längerer Zeit hörte ich nichts mehr von ihm. Doch kürzlich rief er mich an, weil er jemandem helfen wollte, und ich stellte fest, daß seine Stimme wieder den alten Klang und die alte Kraft ausstrahlte.

»Du scheinst wieder gut beieinander zu sein, George«, sagte ich. »Selbstverständlich«, sagte er. »Wir müssen uns über die Dinge stellen.«

»Aber du hast doch sicher einiges mitgemacht. Was ist das Geheimnis deines Lebensmutes?«

»Geheimnis! Ich habe kein Geheimnis. Jemand steht uns immer bei, nicht wahr?«

George erzählte mir, wie er im Spital eine Untersuchung mitmachen mußte. Als die Ärzte zu ihm kamen und das Röntgenbild gegen das Fenster hielten, fragten sie: »Können Sie ein Röntgenbild lesen?«

George schaute das Bild an und sagte: »Natürlich, ich habe Krebs ... Wir wollen ihn herausschneiden.«

»Die Ärzte sagten es mir«, erklärte mir George, »denn sie wußten, daß ich die Wahrheit ertragen konnte.«

Der Herzspezialist prüfte das Herz meines Freundes, um zu entscheiden, ob er die Operation überstehen könne. Er wunderte sich über die Ruhe Sokolskys. »Ich bin überrascht über Ihre gute Verfassung«, sagte der Arzt. »Wenn ich Ihre Einstellung hätte, könnte ich zehn Jahre länger leben.«

George sagte: »Ich habe Vertrauen, und darum bin ich entspannt. Ich bin in Gottes Hand – und das ist alles.«

George lag fünf Stunden lang auf dem Operationstisch, und als er wieder zum Bewußtsein kam, sagte der Chirurg: »Nun, Sie leben wieder.«

»Wie wollen Sie wissen, ob ich lebe?« sagte der Patient. »Das kann ich nur feststellen, wenn ich weiß, daß ich noch arbeiten kann. Wenn ich nicht mehr arbeiten kann, bin ich tot. Bringen Sie mir Papier und Schreibzeug, und ich will versuchen, einen Artikel zu schreiben. Erst dann werde ich wissen, ob ich noch lebe.« Der Artikel wurde einer der besten seiner ganzen Karriere.

Eine andere sehr starke, unschlagbare Persönlichkeit ist Oberst Frank Moore, der meiner Kirche in New York angehört. Frank ist ein positiver Denker, der nicht davor zurückschreckt, sein christliches Denken und Vertrauen auch in seine geschäftliche Tätigkeit wie in sein privates Leben hineinzutragen.

Im Büro Franks befindet sich ein großer Konferenztisch, an dem sich seine sieben führenden Mitarbeiter regelmäßig zu Konferenzen einfinden. Der Tisch hat jedoch acht Stühle. Als Colonel Moore seinerzeit die Leitung des Betriebes übernahm, versuchte er, seinen Mitarbeitern klarzumachen, wie wichtig es sei, sich bei jeder Konferenz und bei jeder Entscheidung einer höheren Führung zu unterstellen. Da meist ein Stuhl am Konferenztisch leer blieb, kam er auf die Idee, den Platz am oberen Ende des Tisches frei zu lassen, damit sich jedermann daran erinnern möge, daß unsichtbar noch jemand anwesend sei, der alle Entscheidungen überwache.

Seine Anregung wurde zögernd aufgenommen, doch als alle Beteiligten feststellten, welchen segensreichen und guten Einfluß dieser leere Stuhl auf die Teilnehmer ausübte, wurde diese Einrichtung beibehalten und machte auch in den andern Abteilungen des Unternehmens Schule.

An der Wand über dem Konferenztisch wurde ein

großgedrucktes Gebet aufgehängt. Es beeindruckte alle andern Geschäftsleute, die zu Besprechungen in diesen Raum eingeladen wurden, so stark, daß allein während eines Jahres zweitausend Kopien davon verlangt und abgegeben wurden. Das Gebet lautet:

»O Gott, schenke jedem, der heute mit mir zusammentrifft, Glück und Segen. Mögen alle meine Worte, die ich in jeder Stunde dieses Tages ausspreche, von Weisheit und Güte getragen sein. Gib mir die Kraft, die rechten Worte zu finden, und hilf mir, die Gefühle und Gedanken meiner Mitmenschen zu achten und das Beste für sie zu erreichen. Schenke mir die Gnade, daß ich an guten Taten nicht vorübergehe und dankbar bin für alles, was ich selber empfangen darf. Hilf mir, mit offenem Herzen anderen zu helfen. Amen.«

Möchten auch Sie geliebt und geachtet werden? Dann schenken Sie andern Mut und Vertrauen. Schenken Sie ihnen etwas mehr Aufmerksamkeit, etwas Zuneigung und Anregung. Helfen Sie ihnen, Kraft und Mut zu gewinnen, und Sie werden dafür geliebt werden.

Wir wollen nun einige der wichtigsten in diesem Kapitel erwähnten Punkte zusammenfassen. Worin liegt das Geheimnis des Beliebtseins?

1. Vor allem müssen wir selbst andere Menschen lieben. Wie sollen wir dies bewerkstelligen? Der erfolgreichste Weg dazu besteht im positiven Denken. Menschen, welche positiv denken, werden Persönlichkeiten, die ihr eigenes Ich in den Hintergrund stellen und mehr an andere denken. Nicht umsonst kommt in Briefen, die ich ständig erhalte, der Aus-

druck »Ich liebe jedermann« so oft vor. Wer einmal damit angefangen hat, jedermann gern zu haben, wird selber dafür Sympathie empfangen.

2. Versuchen wir immer, in anderen Menschen das Beste zu wecken, und wir werden ihre Sympathie gewinnen. Hören wir nicht bloß auf die Worte, die jemand spricht, sondern beachten wir auch sein Verhalten und die Gründe dafür. Wer lernt, zuzuhören und für die Probleme anderer Interesse zu zeigen, hilft mit, daß sie sich selber finden und den besten Weg beschreiten, aus ihren Schwierigkeiten herauszukommen.

3. Hilf deinen Freunden, sich selber zu finden und sich selber zu akzeptieren. Vielen Menschen fällt es schwer, sich so zu nehmen, wie sie sind. Hilf ihnen dabei, und du wirst dafür geschätzt werden.

4. Sei ruhig, gelassen und fröhlich. Lerne über den Dingen und Schwierigkeiten des Lebens zu stehen, so daß Kritik und Kleinlichkeiten dich nicht länger beeindrucken können. Nimm die Worte der Bibel in ihrer vollen Bedeutung, und liebe deine Feinde, segne diejenigen, die dir Böses tun, tue Gutes denen, die dich hassen, und bete für alle, die gegen dich eingestellt sind.

5. Werde eine starke, ausgeglichene Persönlichkeit, damit andere Menschen von dir Kraft und Unterstützung erhalten können. Auf diese Weise wirst du in ihrem Leben einen wichtigen Platz einnehmen.

Wenn Sie diese Grundsätze täglich in Ihrem Leben anwenden, werden Sie automatisch ein Mensch, der überall geschätzt und geliebt wird.

9. Kapitel

Die heilende Kraft des Geistes

Neuere medizinische Forschungsergebnisse sind kürzlich angekündigt worden, wonach man einem Menschen helfen kann, gesünder und glücklicher zu werden, sobald er seine Einstellung ändert. Denn die Wissenschaftler haben den Einfluß des Geistes auf den Körper entdeckt. Viele von ihnen sagen heute, daß man eine gute Gesundheit nicht nur durch körperliche Betätigung erlangt, sondern wahrscheinlich ebensosehr durch geistiges Training.

Natürlich sind die Grundsätze, auf denen diese Erkenntnisse beruhen, steinalt. Pfarrer, Priester und Rabbis haben sie während Jahrhunderten gelehrt. Die medizinische Forschung hat nach langwierigen Untersuchungen diesen Grundsätzen einfach den Stempel der Billigung aufgedrückt und gesagt, sie seien wirkungsvoll und praktisch durchführbar.

Die neue Wissenschaft, Psychoimmunologie genannt, war Gegenstand eines Artikels, der am 20. April 1989 in der »New York Times« erschienen ist.

Psychologen und Immunologen erbringen den erstaunlichen neuen Beweis, daß das Verändern des geistigen Zustands eines Patienten dessen Immunsystem beeinflussen kann.

Diese Erkenntnisse sind die Frucht einer Verbindung von Psychologie und Immunologie, zweier Gebiete, die in der Vergangenheit buchstäblich nichts miteinander zu tun gehabt haben. Die sich daraus ergebende Disziplin, die Psychoimmunologie, sucht den Mechanismus aufzudecken, der das Gefühlsleben eines Menschen mit dem Auf und Ab des Immunsystems und der körperlichen Veranlagung, gegen Bakterien, Viren und Krebs anzukämpfen, verbindet.

Ich zitiere hier den großen Mediziner Bernie S. Siegel aus seinem Buch »Friede, Liebe und Heilen«. Er hat folgendes geschrieben: »Je mehr wir über den Geist und den Körper als Einheit lernen, desto schwieriger wird es, die beiden getrennt zu betrachten. Was in unserem Kopf ist, ist oft gleichermaßen oder ›anatomisch‹ in unserem Körper. Alles, was zu Hoffnung berechtigt, hat die Kraft zu heilen.«

Vor einigen Jahren wurde mir aufgrund der Konsultation bei Louis Bishop, meinem Arzt, ein Mann überwiesen. Dr. Bishop kannte die obenerwähnten Grundsätze. Der Mann schleppte sich in mein Büro, ließ sich in einen Stuhl fallen und sagte auf affektierte Weise schlapp: »Komisch, ich habe mich unter dem Strich nicht wohl gefühlt, immer kraftlos und müde. Sie und ich besuchen zufällig denselben Arzt. Er hat mich wie üblich durchsucht und dann gesagt: ›Sie gehen wohl besser zu Dr. Peale.‹«

Der Mann lehnte sich zurück und sagte mit spöttischem Blick: »Also, wenn's erlaubt ist, weshalb schickt ein anerkannter medizinischer Fachmann wie Dr. Bishop einen seiner Patienten zu einem Bücherschreiberling, der auch noch Pfarrer ist? Das krieg' ich nicht klar, wenn Sie mich fragen. Aber bitte, hier bin ich.«

»Das ist wirklich seltsam«, entgegnete ich, »zumal Louis Bishop absolut befähigt ist, Sie zu behandeln.« Nach einer Weile fügte ich hinzu: »Vielleicht wollte er, daß Sie etwas erfahren, das Sie womöglich nicht hören wollten.«

Er setzte sich im Stuhl auf und schaute ein bißchen verwirrt drein. Wir blickten uns eine Weile lang in die Augen. Dann sagte ich: »Sagen Sie mir, wen Sie hassen und warum.«

Er wurde rot im Gesicht, saß zum erstenmal gerade da und knurrte: »Das geht Sie einen feuchten Dreck an, und überhaupt, was hat das damit zu tun?«

»Es *geht* mich etwas an«, entgegnete ich. »Deshalb hat der Arzt Sie nämlich zu mir geschickt. Ich kenne die Methoden von Louis. Offenbar ist er der Meinung, daß das Übel, das Ihre Kraftlosigkeit und Ihre physische Trägheit verursacht, in Ihrem Kopf ist.«

Er wollte mich unterbrechen, aber ich hielt meine Hand hoch und fuhr fort. »Übrigens, wenn Sie zu Dr. Bishop zur Konsultation gehen, nimmt er Sie ins Sprechzimmer und bittet Sie, sich auszuziehen. Ich befasse mich mit dem Untersuchen der Seelen; daher müssen Sie Ihre Gedanken freilegen, wenn wir Sie gesund machen wollen.«

Ich sah ihm an, daß ihn meine Logik etwas verwirrte. Ich schloß mit den Worten: »Wenn wir Sie geistig und körperlich geheilt haben, werden Sie einer der gesündesten Menschen in dieser Stadt sein.«

Als ihm schließlich bewußt wurde, worauf ich hinauswollte, gab er nach und – von der gesundheitlichen Wirksamkeit von Körper und Seele überzeugt – sprach sich seinen Haß, den er einem früheren Freund gegenüber empfand, von der Seele. Sein Gesicht verdüsterte sich, und aus ihm quoll eine Unmenge Groll heraus, den zu beseitigen fast eine ganze Stunde beanspruchte. Als er sich ausgeredet hatte, wandte er sich weiteren Haßgefühlen zu; ich schloß daraus, daß er unwahrscheinlich viel Energie auf seine zahlreichen Mißstimmungen verwandt hatte.

Als er sich schließlich die Seele aus dem Leibe geredet hatte, fragte ich ihn: »Ist das alles?« Unverzüglich erinnerte er sich an einen weiteren Menschen, den er als H . . . sohn bezeichnete. Dies kostete weitere zehn Minuten. Doch zuletzt atmete er tief durch und war entspannter, als in dem Moment, in dem er zu mir gekommen war. Er sagte mir, daß es sich damit habe.

»Ich bin völlig befreit«, sagte er. Dann machte er etwas, das seltsam erscheinen mag. Er stand in voller Größe auf, streckte die Arme über den Kopf, soweit er es vermochte, und rief: »Wissen Sie was? Ich fühle mich gut!« Er zögerte und sagte dann: »Ich fühle mich *wirklich* gut.«

Ich sagte zu ihm, daß sein gutes Gefühl natürlich sei, da er eine Menge krank machende Empfindungen abgetragen habe – Empfindungen, die er während langer Zeit genährt habe. Er ging als wirklich anderer Mensch weg, aber erst, als ich ihm sagte, sein Fall sei noch nicht abgeschlossen.

»Mindestens eine Konsultation ist noch erforderlich«, sagte ich. »Bei der gebe ich Ihnen ein geistiges Rezept, um Ihnen zu helfen, gute Gesundheit zu erlangen.« Er hatte nichts dagegen, und ich bat meinen Assistenten, binnen dreier Tage einen weiteren Termin auszumachen. Ich wollte nicht, daß mein Patient rückfällig würde.

Als er zur nächsten Besprechung und Verordnung zu mir kam, sagte er, daß er sich so gut gefühlt habe »wie schon lange nicht mehr«. »Schön«, sagte ich, »jetzt nehmen wir die zweite Stufe Ihrer Behandlung in Angriff. Sie besteht aus fünf Teilen«:

1. Vergeben Sie jedem Menschen, den Sie zuvor gehaßt haben. Sprechen Sie seinen Namen laut aus. Sagen Sie: »Ich vergebe . . . in jeder Beziehung.« Vergeben ist das Heilmittel gegen Haß.

»Das ist ein harter Brocken«, sagte er dazu.

»Aber der harte Brocken gehört zum Heilungsprozeß«, gab ich zurück. Darauf nannte er im einzelnen mehrere Menschen und bekräftigte ihnen gegenüber seine Versöhnlichkeit.

2. Beten Sie laut für jeden Menschen, den Sie zuvor gehaßt haben, und sagen Sie im Gebet: »Gib mir, was ich benötige, um . . . (jeden Menschen mit Namen nennen) zu lieben.«

Er brachte Einwände vor und sagte, er habe noch nie vor anderen gebetet. »Ich bin nicht der andere«, erwiderte ich und sagte ihm die folgenden Worte vor:

»Himmlischer Vater, ich bete für . . . Ich meine es ehrlich; ich bin kein Scheinheiliger. Ich bitte dich auch darum, mir zu helfen . . . liebzuhaben.« Er sprach diese Worte nach, wenn auch widerwillig, und sagte darauf: »Ich komme mir wie ein lausiger Heuchler vor.«

»Sie beginnen sich zu verändern«, gab ich zu verstehen.

3. Überlegen Sie sich jetzt, und entscheiden Sie, ob Sie jemals einem Menschen Unrecht getan haben. Überlegen Sie sich, inwiefern Sie das wiedergutmachen könnten. Setzen Sie alles daran, den Zwist zu beseitigen. Wenn der andere Mensch Ihr ehrliches Bemühen zurückweist, lieben Sie ihn bedingungslos, und lassen Sie das Ganze bleiben. Und wenn Sie Ihr Gebet sprechen, legen Sie diese Beziehung in Gottes Hände. Er wird sich darum kümmern.

»Sie glauben doch an Gott, oder?« fragte ich.

»Natürlich glaube ich an Gott. Ich bin Presbyterianer, aber vielleicht ein abwesender«, gab er zu.

»Sie tun wohl besser daran, die aus dem Inneren stammende Hilfe zu finden, die Gott den alltäglichen Problemen bringt«, schlug ich vor.

4. Bitten Sie Gott, Ihnen Ihre schlechte Verfassung zu vergeben. Und bitten Sie ihn, Sie zu verbessern.

5. Und zum Schluß: Erheben Sie sich zu Gott. Wenn Sie noch weitere Schwächen haben, bitten Sie Ihn, Sie davon zu befreien – genauso wie Sie vom Haß erlöst worden sind.

Ich verabschiedete mich und sagte: »Sie brauchen mich nicht mehr, es sei denn, Sie würden Seiner Gnade abtrünnig.«

»Was soll das bedeuten?« fragte er.

»Sprechen Sie mit Ihrem presbyterianischen Pfarrer darüber«, antwortete ich.

Er bat mich, die fünf Punkte niederzuschreiben, damit er sie nicht vergessen würde. Schon jetzt erkannte ich in seinen Augen einen neuen Glanz. Als er aufstand, sagte er eifrig: »Wie kann ich Ihnen dafür jemals danken?«

»Machen Sie's nicht«, erwiderte ich, »danken Sie Gott. Er hat's gemacht.«

Nach einigen Wochen, als ich in Dr. Bishops Praxis zur halbjährlichen Routinekontrolle war, sagte er: »Erinnerst du dich an den Mann, den ich zu dir geschickt habe? Was immer du für ihn getan hast – es hat geholfen. Er ist gesund, hat eine gute Einstellung und geht seinen Weg.«

Ich berichte von diesem Fall, weil er auf anschauliche Weise die Beziehung zwischen geistiger und körperlicher Gesundheit darlegt. Andere Menschen, die ich auf gleiche Art beriet, haben sich gesundheitlich nicht gleicherweise besser gefühlt. Der Grund war, daß es ihnen am Glauben fehlte und sie nicht den innigen Wunsch verspürten, sich zu bessern. Das Verlangen, besser zu werden, ist überaus wichtig; es ist Voraussetzung, um wirklichen Glauben zu erlangen. In dieser Aussage steckt viel Wahrheit: »So ihr Glauben habt, wie ein Senfkorn, so wird euch nichts unmöglich sein« (Matthäus 17,20). Es geht nicht so sehr darum, wieviel man glaubt, sondern darum, was man glaubt. Der Mann, den Dr. Bishop zu mir schickte, hatte die Fähigkeit zu glauben.

Dieser positive Glaube beziehungsweise die Erwartung, daß die Dinge besser verlaufen, wurde durch eine medizinische Untersuchung von Dr. Willard A. Krehl, dem emeritierten Professor der Thomas Jefferson University in Philadelphia erhärtet. Er sagte: »Die Erwartung eines Menschen hat am Einnehmen irgendeiner Medizin – sogar Vitaminen und Aspirin – wesentlichen Anteil. Gute Ärzte wissen das. Das ist der Grund, weshalb sie ihren Patienten nicht nur Rezepte verschreiben, sondern ihnen auch zureden: ›Das wird Ihnen helfen‹.«

Krehl erinnert sich daran, daß er einst einen Arzt antraf, der Aspirin in sechs verschiedenen Farben hatte, um den Placebo-Effekt zum Zuge kommen zu lassen. Wenn ein Patient sagte, die blaue Tablette helfe ihm nichts, gab er ihm eine rote – oder eine andersfarbige –, was in der Regel half. Keiner kann den Placebo-Effekt unterschätzen. Wenn Sie daran glauben, daß es Ihnen hilft, so ist die Aussicht, gesund zu werden, größer.

Dr. Krehl, der auch in Biochemie promoviert hat, sagt zudem folgendes: »Diese Erwartung erstreckt sich auch auf das Gebiet der Krebsforschung, wo schlechte Nachrichten immer bedrückend sind. Ihre unmittelbare Einstellung ist negativ. Sie haben Angst, sterben zu müssen. Aber Ihre gefühlsmäßige Einstellung macht in Ihrer Lebensart einen großen Unterschied. Medizin muß mit großer geistiger Unterstützung verabreicht werden«, sagt Dr. Krehl ausdrücklich. »Der Patient muß einen Glauben entwikkeln, nicht nur an den Arzt und an die Medizin, sondern – was wichtiger ist – an sich und sich sagen: ›Hopp, ich schaff' das schon.‹ Dies trifft insbesondere auf den Krebs zu«, fügt er hinzu. »Ich bin überzeugt, daß strenge Einhaltung besonderer Nahrungsvorschriften verbunden mit dem Glauben nichts schadet und mit Sicherheit hilfreich ist. Eine natürliche Zelle ist stärker als eine Krebszelle. Wenn man sie in ihrem natürlichen Umfeld verstärkt, verleiht man ihr mehr Aussicht, die Krebszelle zu überwinden. Sie können sich Ihren Weg in die Krankheit hineindenken«, so seine Schlußfolgerung, »Sie können sich aber auch aus Ihrer Krankheit herausdenken.«

Ein Artikel, der am 12. März 1990 unter dem Titel »Kann der Geist Krankheit heilen?« im »Time«-Magazin erschienen ist, befaßt sich mit der Rolle, die Gefühle in der Präventivmedizin und der Krankheitsbehandlung spielen; er weist auf »die neueste wissenschaftliche Entdeckung neuer Möglichkeiten, den Einfluß des Geistes auf die körperliche Gesundheit« hin. Unter anderem wird in diesem Artikel Dr. N. Herbert Spector erwähnt, ein Neurophysiologe, der an den nationalen Gesundheitsinstituten arbeitet. Er sagt, daß wenn die Forscher den richtigen klinischen Nutzen im Hinblick auf Geist-Körper-Therapien ziehen, das Ergebnis »eine Revolution in der medizinischen Praxis« sei.

Der Artikel betont im weiteren die in kürzlich durchgeführten Untersuchungen erzielten Ergebnisse der Psychotherapie und der Entspannungstechnik, die sich mit Brustkrebserkrankten, übermäßig Gestreßten und sogar mit jenen ergaben, die an einer gewöhnlichen Erkältung leiden.

Aus dem Artikel wird allerdings deutlich, daß nicht alle, die sich im medizinischen Bereich betätigen, sich für diese Vorgehensweise einsetzen, weil sie befürchten, einige Patienten könnten die gewohnte medizinische Behandlung ablehnen. »Ärzte begeben sich auf eine Gratwanderung, indem sie einerseits mehr versprechen, als wir wissen, und andererseits die Hoffnung eines Menschen zunichte machen«, sagt Sandra Levy, die Psychologin am Pittsburgh Cancer Institute ist. »Wir wissen, daß geistige Gesundheit hilft, [aber] mehr können wir nicht tun.«

Norman Cousins belegt zahllose Fortschritte, die im Bereich der Forschung von Geist und Körper jüngst gemacht wurden. Zur Darlegung der Beziehung zwischen geistiger Einstellung und der Diagnose eines gesundheitlichen Problems schreibt er:

Ein Kollege an der medizinischen Fakultät erzählte mir von einer Frau, die sich einer Routineuntersuchung unterzogen hatte und erfuhr, daß eine ihrer Nieren völlig funktionsunfähig war. Ihr Schock bewirkte sogleich Taubheit. Mit Hilfe einer längeren begleitenden Therapie, die mehrere Monate dauerte, erlangte sie ihr Gehör wieder. Was meinem Kollegen Kummer machte, war, daß diese Erkrankung gar nicht hätte sein müssen. Die übliche Art, in der die Diagnose gestellt wurde, verursachte ein gesundheitliches Problem, das kaum weniger schwerwiegend war als die ursprüngliche Krankheit.

Die meisten Patienten, die ich aufsuche, sind Krebskranke, doch sind eigentlich alle schwerwiegenden Krankheiten bei ihnen zu finden. Was bei all diesen Fällen auffällt, ist, daß die Krankheit zusammen mit der Diagnose schlimmer wurde.

Warum hatten denn diese Patienten einen ernsthaften Rückfall bei der Diagnose erlitten? Weshalb erging es ihnen aufgrund des unguten Bescheids schlechter? Liegt es wohl daran, daß ihr Körper von dem Augenblick an, in dem sie ihre Symptome feststellen, in entscheidend geringerem Maße fähig ist, eine Herausforderung anzunehmen?

Angesichts dieser Tatsache habe ich wenn immer möglich versucht, neudiagnostizierte Patienten mit Menschen zusammenzubringen, welche dieselbe Krankheit durchgemacht haben. Der offensichtlich erbrachte Beweis, daß Genesung möglich ist, wirkt wie ein Heilmittel und fördert wirklich die Aussicht auf wirkungsvolle medizinische Behandlung.

Ich habe mir vorgenommen, in diesem Kapitel darzulegen, wie man sich von Haß befreit; denn er zählt zu den zersetzendsten geistigen Störungen. Es erstaunt daher nicht, daß die größten Ärzte, die gelebt und geheilt haben, die Menschen lehrten, einander zu lieben. Liebe ist die beste und gesundheitsförderndste Medizin und als solche natürlich eine Auswirkung der eigenen Einstellung.

Ein Landarzt, der in der American Medical Association (der amerikanischen Ärzteverbindung) eine Kapazität war, sprach mit mir über die Auswirkungen des Hasses auf den Körper. Er sagte mir, daß dies unbedingt als bösartige Krankheit bezeichnet werden müsse. Einer seiner Patienten, ein filziger, verbitterter alter Kauz, war derart von Haß erfüllt, daß er bleich wurde und übelriechenden Atem hatte. Als er starb, wollte der Arzt auf den Totenschein als Ursache »Mißmutigkeit« schreiben. »Aber diese Bürokraten im Ratshaus dachten, dies sei ein unzutreffender Ausdruck. Aber er ist wirklich an Mißmutigkeit gestorben.«

Der Arzt, der sein Handwerk zweifellos beherrschte, hatte recht; denn ich habe Menschen angetroffen, mit denen es körperlich immer mehr bergab ging, bis sie sich zum Vergeben und zur Liebe bekannten. In diesem Augenblick hörte ihr Zerfall auf; sie lebten bis ins hohe Alter glücklich.

Ich habe hier einen interessanten Fall. Von einer jungen Frau erhielt ich einen Brief, in dem sie verbittert schrieb, daß sie das Geld deswegen hasse, weil es Menschen wie ihr, die nicht genug davon hatten, Übles antue. (Sie wurde bei ihrer Automobilfirma entlassen.) Sie haßte Geld auch deshalb, weil es – wie sie behauptete – nur den Menschen zukommt, die ohnehin schon zuviel davon haben. Sie sagte, Amerika sei zu einer dollaranbetenden Gesellschaft geworden, und machte das Geld dafür verantwortlich. Sie zitierte sogar die Bibel falsch. »Geld ist Wurzel allen Übels«, schrieb sie, jedes einzelne Wort unterstreichend. (In Wirklichkeit sagt die Bibel: »Denn Geiz ist eine Wurzel allen Übels« [1. Timotheus, 6,10] – was etwas völlig anderes besagt.)

»Hören Sie damit auf, sich als hoffnungsloses Opfer einer imaginären Scheußlichkeit namens Geld zu betrachten«, schrieb ich ihr zurück. »Wenn Sie Geld derart unerbittlich auf sich selbst beziehen und es so sehr verabscheuen, kommen Sie mit Bestimmtheit nie dazu, weil Sie in Ihrem Unterbewußtsein darauf ausgerichtet sind, es abzuweisen und zu verwerfen.«

Ich forderte sie auf, sich als ausgeglichenen und intelligenten Menschen zu sehen, der befähigt ist, seine Gefühle in den Griff zu bekommen. »Beruhigen Sie sich«, schrieb ich ihr. »Seien Sie objektiv. Hören Sie mit dem Haßgetue auf. Stellen Sie sich als einen Menschen vor, der entschlossen ist, sich all diese bedrängenden und verwirrenden Gefühle aus dem Kopf zu schlagen. Bei Ihnen klappt nichts, wenn Sie tatenlos dastehen.«

Verärgerung ist eines jener Gefühle, die Geldprobleme bewirken. Ein weiteres ist die Angst. Vor kurzem war ich an einem Sorgentelefon tätig. Eine Frau, die anrief, sagte zu mir: »Ich möchte, daß Sie mir sagen, was ich gegen Betreibungsbeamte machen soll; ich hab' die Nase voll von den Kerlen.«

Ich sagte ihr: »Ich kenne mehrere Betreibungsbeamte, und alle haben mir gesagt, wie sehr *sie* nervös seien, wenn sie jemanden wegen unbezahlter Rechnungen heimsuchen müssen. Sie sagten mir, daß sie angespannt und sprachlos würden und es ihnen heiß und kalt über den Rücken laufe.«

Die Frau sagte: »Das ist doch nicht zu glauben.«

»Doch, so ist es«, sagte ich ihr. »Ein Betreibungsbeamter ist auch nur ein Mensch, und er macht keine Anstalten, Sie zu belästigen, Ihnen gegenüber gemein zu sein oder Sie ins Gefängnis zu bringen. Er ist lediglich eine Amtsperson, die Geld eintreiben muß, damit Menschen wie Ihnen weiterhin Ware verkauft werden kann. Sein wichtigstes Ziel besteht darin, Sie dazu zu bringen, einen Abzahlungsplan auszuarbeiten.

Ich mache Ihnen deshalb einen Vorschlag. Wenn der Betreibungsbeamte wieder bei Ihnen anklopft, ändern Sie Ihre Vorstellung davon, wie das Gespräch verlaufen könnte. Statt sich verlegen, aufgebracht und ausfällig aufzuführen und ihn als feindselig und bedrohend zu empfinden, stellen Sie sich ein Zusammentreffen zwischen einem netten Menschen vor, der seiner Arbeit nachgehen muß, und einem ebenso netten Menschen, der zufälligerweise einige offene Rechnungen hat. Empfinden Sie sich beide als Menschen, die versuchen, auf freundschaftliche Art eine Lösung zu finden. Und gleich noch eine Anregung: Bevor Sie die Türe öffnen, sprechen Sie kurz ein Gebet für den armen Kerl, denn er ist wahrscheinlich etwa gleich nervös wie Sie.«

»Nun denn«, sagte sie, »ich habe nie daran gedacht, für einen Betreibungsbeamten zu beten. Aber ich versuch's.«

Die Vorstellungskraft ist eine der vielen Möglichkeiten, die Menschen bei finanziellen Schwierigkeiten helfen können. Meine Frau Ruth und ich haben ein paar einfache und wirkungsvolle Vorschläge ausgearbeitet.

Der erste Vorschlag lautet: *Machen Sie sich keine Sorgen*. Wenn Sie spüren, daß Angst überhandnimmt, vergegenwärtigen Sie sich die innere Ruhe. Ein einfaches Gebet spiegelt ein Bild Ihrer Probleme wider und bringt es auf den Quell aller Weisheit zurück; das ist unwahrscheinlich bestärkend und ermutigend. Lesen Sie dann den 23. Psalm, und wenn Sie zu den herrlichen Worten gelangen: »Und ob ich schon wanderte im finstern Tal, fürchte ich kein Unglück; denn du bist bei mir« (4. Vers), so lassen Sie sich diese Zeilen mindestens zwanzigmal durch den Kopf gehen. Wiederholen Sie sie während des ganzen Tages, wenn Sie spüren, daß Ihre Angst zurückkehrt. Schreiben Sie sie auf ein Blatt Papier nieder, und kleben Sie es an den Spiegel Ihres Badezimmers, wo Sie es jeden Morgen als erstes sehen. Erfüllen Sie sich mit diesem Gedanken.

Und dann, wenn Sie Ihre Gefühle unter Kontrolle haben, *organisieren Sie sich*. Das ist Ruths liebster Ratschlag, denn sie ist durch und durch organisiert. Listen Sie alle Ihre Schulden auf – alles, was Sie schulden. Machen Sie eine Liste aller zwingend nötigen Ausgaben. Zählen Sie alle Einkommensquellen auf, und überlegen Sie sich, womit Sie mit Sicherheit rechnen können. Es ist verblüffend, wie viele Menschen überhaupt nicht wissen, was sie wem schulden und wie hoch ihre Ausgaben für das Wichtigste sind. Stellen Sie sich vor, daß Sie mit Ihrem Einkommen durchkommen. Prägen Sie sich diese Vorstellung ein.

Ein letzter Vorschlag: *Denken*. Wenn Sie sich hinsetzen und wirklich nachdenken, kommen Sie auf Ideen und Einsichten, die alles verändern.

Seit eh und je mag ich, was mir William Saroyan damals erzählte, als er sich als junger Schriftsteller abkämpfte – entmutigt und dem Zusammenbruch nahe.

Er beschloß, einen reichen Onkel, der in einer nahe gelegenen Stadt wohnte, um ein Darlehen anzugehen. Mit seinem letzten, spärlichen Geld sandte er seinem Onkel ein Telegramm. Darauf erhielt er ein Telegramm, das aus zwei Worten bestand: *Denk nach.*

Als er den Schock wegen dieser scheinbar hämischen und abweisenden Antwort überwunden hatte, dachte Saroyan über die Mitteilung nach. Allmählich begann er zu begreifen, was sein Onkel sagen wollte: Du brauchst kein Darlehen. Geh in dich! In deinem Kopf findest du mit einer neuen Idee eine Lösung.

Mit dieser Herausforderung setzte sich Saroyan hin, dachte sich die Handlung einer Kurzgeschichte aus, die er schrieb und verkaufte und dadurch auf dem besten Weg zu einer glänzenden Karriere als Bühnen- und Romanschriftsteller war.

Ich möchte an einem weiteren Fall zeigen, wie Haßgefühle, die durch eine positive Einstellung ersetzt wurden, zu Gesundheit und Wohlbefinden führten. Ein Freund von mir, den ich Phil nennen will, war Vizepräsident einer namhaften Herstellerfirma in einer Stadt im mittleren Westen Amerikas. Er hatte blitzschnell Karriere gemacht, und mit der Verantwortung, die man ihm übertrug, wurde er zum führenden Kopf der Firma, ohne daß er den Titel eines Vorsitzenden der Geschäftsleitung hatte. Der Präsident der Unternehmung, aufgrund dessen Fürsprache der Mann befördert worden war, stand kurz vor der Pensionierung; alle dachten, unser Freund würde sein Nachfolger.

Doch als der Präsident altershalber pensioniert wurde, brachte der Verwaltungsrat einen gutqualifizierten, firmenexternen Manager ein, ernannte ihn zum Präsidenten und Vorsitzenden der Geschäftsleitung. Phil war völlig am Boden und wütend auf »die dreckige Bande von Betrügern«, um nicht noch weniger vorteilhafte Benennungen anzuführen. Phil entwickelte Haßgefühle, bis sie sich auf seine Arbeit und seinen Schlaf auswirkten; ein körperlicher Zerfall setzte offensichtlich ein. Das erregte bei seinen Freunden, von denen er viele hatte, Besorgnis. Er ging wie ein Irrer, der sich abgrundtief betrogen fühlte, über die Straßen. Er ging nicht mehr zu seinem Klub, wo er ein beliebtes Mitglied gewesen war, aber derart unfreundlich wurde, daß ihn selbst alte Freunde mieden. Aus reiner Gewohnheit und Loyalitätsgefühl heraus erschien Phil zur Arbeit und ging seiner Aufgabe völlig mechanisch nach; es fehlte ihm an Einsatz und Begeisterung.

Dann wollte es der Zufall, daß ich in Philadelphia eine Verpflichtung hatte. Ich nahm den Zug und ging in den Speisewagen, um zu später Stunde noch eine Mahlzeit einzunehmen. An einem Tisch saß mein Freund Phil. Ich nahm ihm gegenüber Platz und bestellte mein Essen. Er trank tassenweise Kaffee und rauchte eine Zigarette nach der anderen, indem er die folgende am Stummel der letzten anzündete. »Gut, daß du Antialkoholiker bist«, sagte ich, »wenn du in diesem Maße Whisky trinken würdest, lägst du unter dem Tisch.«

Mir fiel auf, daß seine Hände zitterten, so daß er ab und zu Kaffee verschüttete. Sein Gesundheitszustand war offensichtlich erbärmlich. Ich wußte, daß er ein gläubiger Mensch war, und sagte deshalb: »Phil, ich habe gehört, wie es dir ergangen ist; es tut mir leid.

Vielleicht hat uns Gott in diesem Zug zusammengebracht, denn Er möchte, daß es dir wieder gutgeht.« Darauf erzählte er mir die ganze unglückselige Geschichte nochmals, wobei er Ausdrücke wie »Betrüger«, »Scheinheilige«, »Feinde« und »Schufte« gebrauchte.

»Hör mal zu, mein Lieber. Ich kenne die ganze Geschichte. In Philadelphia muß ich aussteigen; wenden wir uns also der Sache zu. Du kannst so nicht weitermachen, sonst machst du dich kaputt. Wohin fährst du jetzt?«

»Nach Hause«, antwortete er. »Ich habe diesen Zug genommen, um nachzudenken.«

»O. k., denken wir jetzt also nach«, sagte ich und fügte hinzu: »Phil, deine Hände zittern wie Espenlaub. Du trinkst eine Tasse Kaffee nach der andern. Du rauchst in einem fort. Mit dir geht's so zu Ende. Alle Anzeichen dafür sind vorhanden. Sag mir, wie du dich fühlst, und wende dich in vollem Vertrauen an mich.«

»Scheußlich fühle ich mich, einfach scheußlich.« Dann setzte er – wie ich merkte – zu unendlich langen Ausführungen darüber an, wie schlecht es ihm gehe. »Hör auf damit«, sagte ich. »Wir wollen lieber davon sprechen, wie du deine Gesundheit wiedererlangen und dich besser fühlen kannst.« Er schaute mich flehentlich an.

»Phil, du bist mir ein lieber Freund, und ich will dich jetzt wieder in Ordnung bringen«, fuhr ich fort. »Haß und Groll zerstören dich. Auch wenn man dich unfair behandelt hat, so ist das nicht die Schuld des neuen Präsidenten. Er hat nichts damit zu tun.«

Phil drückte seine Zigarette aus und zuckte mit den Schultern. »Wahrscheinlich hast du recht, Norman. Ich spüre ja selbst, daß ich mir schade. Aber ich komme einfach nicht aus dieser Stimmung heraus.«

»Nun, ich bin kein Arzt«, sagte ich darauf, »aber ich bin der Beziehung zwischen Geist und Körper nachgegangen und bin sicher, daß, wenn du die bestehende Situation akzeptierst, es dir wieder besser geht. Ich bin auch überzeugt, daß dies für deine künftige Karriere im Beruf gut ist.«

»Die Situation hinnehmen?« fragte er, ungläubig dreinschauend.

»Ja«, erwiderte ich. Ich riet ihm, zum neuen Präsidenten ins Büro zu gehen und ihn offen und ehrlich zu fragen, was er für ihn tun könne, und alle Aufgaben, die ihm übertragen würden, mit all seiner Loyalität, seiner Erfahrung und seinem Einsatz zu erledigen. Phil hörte sich diese Anregung ruhig an und sagte darauf: »Du hast wohl recht. Aber es wird keine einfache Sache sein.«

»Na und?« gab ich zurück. »Du bist Manns genug, um etwas Hartes, gleichzeitig aber Feinfühliges zu leisten.«

Darauf fuhren wir in den Bahnhof von Philadelphia ein. Er streckte mir die Hand entgegen. »Danke, Norman. Ich will's versuchen.«

Eine Woche später rief mich Phil an, um mir zu sagen, was sich ereignet hatte. Er war zum neuen Präsidenten gegangen. »Es fiel mir nicht leicht, Norman«, sagte er mir, »aber weißt du, was er zu mir sagte? ›Ich brauche Sie, Phil. Sie kennen dieses Geschäft wie kein anderer. Vielen Dank.‹« Ich freute mich, in Phils Stimme den alten Lebensfunken zu verspüren. Die Folge dieser Geschichte war die, daß Phil und der neue Präsident wirklich gut zusammenarbeiteten und im Verlauf der Zeit Freunde wurden. Der Präsident machte seine Arbeit gut – so gut, daß man ihm binnen fünf Jahren in einer anderen Unternehmung einen noch besseren Posten anbot und seine Stelle dadurch frei wurde. Und wer wurde dann zum Aufsichtsratsvorsitzenden gewählt? Sie haben's erraten: Phil. Er hat seiner Firma bis zu seiner gesetzlich vorgeschriebenen Pensionierung bestens gedient.

Eines Tages, als ich in seiner Stadt und er immer noch berufstätig war, lud er mich zum Essen ein. »Ich schulde dir sehr viel, Norman«, sagte er mir, »aber im Grunde genommen bist du gar nicht so hell im Kopf. Alles, was du mir geraten hast, steht in der Bibel, und damals hätte ich es beinahe vergessen.« Wir lachten beide. Später gingen wir die Straße hoch. Ich sah Phil nach, wie er auf sein Büro zulief – ein starker Mann, in Körper und Geist gesund.

Unsere Generation täte gut daran, für ihr Wohlbefinden der Wechselwirkung von Körper und Geist nachzuleben. Die dazu nötigen Übungen sind unvergleichlich. Auch ich mache sie. Unterziehen Sie sich einer medizinischen Behandlung, wenn es erforderlich ist; nehmen Sie aber immer die Medizin des geistigen Wohlbefindens dazu.

Viele Menschen meinen, das sei etwas Neues. Aber haben denn weise Männer und Frauen nicht schon vor langer Zeit die Kraft des Geistes über den Körper erkannt?

Nie vergesse ich jenen Arzt, der unsere Familie vor

Jahren versorgte. Es muß schon lange Zeit her sein, denn ich entsinne mich, daß er im Einspänner zu den Kranken fuhr. Er wurde hergebeten, weil ich mich über Magenschmerzen beklagte, die zweifellos von meiner jugendlichen Gewohnheit, unreife Äpfel zu essen, herrührten. Er schaute sich meine Zunge an, klopfte auf meine Brust und verschrieb darauf feierlich ein Rezept, indem er mir eine Tablette mit der Anweisung gab, sie als erstes einzunehmen.

Bevor er wegging, fuhr er mir durch das Haar und sagte: »Magenschmerzen, mein kleiner Junge, sind nicht so schlecht wie geistige Schmerzen im Kopf. Behalt einen klaren Kopf!«

Dies ist vor rund achtzig Jahren geschehen, doch die Erinnerung daran ist mir seit eh und je geblieben. Ich wuchs in einer Pfarrers- und Arztfamilie auf und weiß daher, daß reichlich viele Mediziner wissen, daß die Einstellung und Denkart eines Patienten sehr viel mit seinem Wohlergehen zu tun haben. Daher geht das Geist-Körper-Prinzip weit in die menschliche Erfahrung zurück.

Ein weiterer Vorfall ist bei mir ganz besonders im Gedächtnis haften geblieben. Ich erwähne ihn an dieser Stelle, weil Sie, wenn Sie denselben Gedanken aufgreifen, sich nach meiner Überzeugung besser und gesünder fühlen. Als ich vor vielen Jahren beim Detroit Journal arbeitete, ging ich zu Grove Patterson ins Büro und fragte ihn gewohnheitsmäßig: »Wie geht es Ihnen, Mr. Patterson?« – »Blendend. Ich fühle mich herrlich«, antwortete er lebhaft und fügte hinzu: »Wenn ich mich anders fühlte, würde ich es Ihnen nicht sagen. Ich denke ans Gesundsein und spreche darüber; Sie tun gut daran, dasselbe zu machen, denn was Sie von Ihrem Körper denken, hat eine Menge damit zu tun, wie Sie sich fühlen.« Er hob seinen tintenbekleckosten Zeigefinger hoch, um das, was er gesagt hatte, zu unterstreichen. (An seinem Zeigefinger schien immer Tinte zu sein.)

Diese Begebenheit in den alten Zeitungsbüros an der Jefferson Avenue trug sich sage und schreibe vor siebzig Jahren zu, aber sie hat sich mir unauslöschlich eingeprägt. Grove Patterson war zeit seines Lebens ein starker, gesunder, von bewunderswerter Energie erfüllter Mann gewesen. Er zählte auch zu den intelligentesten Menschen, die ich kannte.

Ein drittes Ereignis, das mich davon überzeugte, daß man sich einer besseren Gesundheit erfreut, wenn man positiv eingestellt ist, eine bejahende Denkart hat und die geistigen Feinde wie Haß, Angst und alles Negative unter Kontrolle hält, geschah an einem unvergeßlichen Tag in Chicago. Es trug sich im alten *Sherman House*, einem großen Hotel, zu, das bei Clark and Randolph stand. Frank Bering und sein Bruder Gus waren die Hoteldirektoren. Beide waren in der kleinen Stadt Lynchburg in Ohio zusammen mit meiner Mutter und meinem Vater aufgewachsen. Sie träumten beide Lynchburg nach und hatten mir weder mein Zimmer noch meine Mahlzeiten im *Sherman House* verrechnet. So stieg ich während meiner zahlreichen Reisen nach Chicago, wenn ich an Tagungen sprechen mußte, natürlich immer dort ab. Chicago war zu jener Zeit unbestritten *der* Ort, wo nationale Tagungen abgehalten wurden.

Gus, der damals Mitbesitzer war, leitete das Hotel

selbst noch im Alter von 87 Jahren; er war bei bester Gesundheit, tatkräftig und im Vollbesitz seiner geistigen Kräfte. Als ich eines Tages in Chicago an einer Tagung der National Standard Parts Association eine Rede halten mußte, schaute ich Gus voller Bewunderung an, als er umherlief und Anweisungen erteilte. Ich hielt ihn auf und fragte: »Wie alt bist du, Gus?«

»Was ist los? Ist dein Zimmer nicht in Ordnung, oder ist die Bedienung schlecht?«

»Aber nicht doch; alles ist wie immer perfekt.«

»Was hat das denn mit meinem Alter zu tun?«

»Ich weiß ohnehin, wie alt du bist; denn du bist zusammen mit meiner Mutter zur Schule gegangen«, erwiderte ich.

»Warum dann die alten Geschichten aufwärmen?« knurrte er. Worauf er mich in den Brustkasten puffte; es war ein nahrhafter Schlag, aber eben seine Art, jemandem Zuneigung zu schenken. »Mein lieber Freund, laß dir einen Rat geben: Lebe dein Leben, vergiß dein Alter, und denk immer an die Gesundheit.« Mit diesen Worten teilte er mir nochmals einen Puff aus und ging gebieterisch von dannen. Ein Mann, der daneben saß, hatte das Gespräch mitgehört und fragte mich: »Wie alt ist dieser Mann?«

»87 Jahre«, gab ich zur Antwort, »und leitet nach wie vor dieses Hotel.«

»Das ist doch nicht möglich!«

»Natürlich. Es ist so.«

»Unglaublich«, murmelte er, »es ist völlig unglaublich.«

Aber wie Sie sehen, können unglaubliche Dinge jedem Menschen widerfahren, der auf sich achtet und

seinem Körper zur Gesundheit führende, lebenför-
dernde und pulsierende Gedanken zuführt. Die
Grundregel besteht ohne Zweifel darin, recht zu denken und sich in Ordnung zu fühlen.

Ich bin davon überzeugt, daß ein positiv denkender
Mensch durch die Kraft des Geistes seinen Gesundheitszustand und seine Lebenserwartung weit über
das von Lebensversicherungsgesellschaften errechne-
te Durchschnittsalter bestimmen kann. Dies ist meine
Überzeugung, weil ich bejahende Gesundheitsprinzi-
pien bis zu meinem 93. Lebensjahr gelehrt habe.

Ein Beispiel: Ich suggeriere mir immer etwas, wenn
es um meinen Blutdruck geht. Die beiden letzten Male
maß ihn ein Arzt mit 130 zu 70. Die Vorstellung, die
ich mit Erfolg nachahmte, stammte von Dr. J. Sage,
der von Dr. Niehans, dem bestbekannten Schweizer
Arzt, beeinflußt war. Ihr Wortlaut, den man sich
mehrmals mit lauter Stimme hinsagen sollte, ist der:
»Meine Körperzellen, die stets auf kluge Weise ge-
steuert werden, machen jetzt meine Arterien, Venen
und das Gewebe so weich und flexibel wie in meiner
Jugend. Mein Herz ist stark und gesund, und mein
Blutdruck ist normal.«

Mit dieser Vorstellung erlebe ich den Körper bewußt von Kopf bis Fuß als normal funktionierend.
Zusätzlich zu dieser mentalen Bestätigung und Vorstellung mäßige ich mich beim Essen, halte mich regelmäßig in Bewegung – vor allem mit Wandern –
und halte alle nachtragenden Gefühle konsequent
von mir fern.

Wenn ich dies tue und von solchem Vorgehen
schreibe, wird mir bewußt, daß ich womöglich Kritik

einheimse. Doch ich wurde in einer streng wissenschaftlichen Tradition aufgezogen und brauchte lange Zeit, um zu den erwähnten Erkenntnissen zu gelangen. Alles, was ich sagen kann, ist, daß sich diese geistigen Übungen bewährt haben; deshalb gebe ich sie weiter.

Mein Freund, der verstorbene Dr. Maxwell Maltz, sagte: »Die bedeutendste psychologische Entdeckung dieses Jahrhunderts ist die Entdeckung des Eigenbildes.« Wenn wir uns im Einklang mit den Gesetzen der Gesundheit sehen, so hindern wir diese Gesetze weniger daran, in unserem Körper auf perfekte Art zu wirken.

Der erste Schritt zu einem langen Leben und zur Gesundheit besteht darin, im Geist aktiv und gesund zu bleiben. Dies erreicht man, indem man zu einem starken Glauben kommt, an sich selbst, an die Zukunft und an die liebevolle Fürsorge Gottes glaubt. Dazu bedarf es positiver Gedanken, die jeglichen Pessimismus verjagen. Der Arzt William Clarence Lieb sagte mir: »Die Erfahrung hat mich gelehrt, Pessimismus als Hauptsymptom vorzeitiger Verknöcherung zu erkennen. Sie tritt normalerweise mit den ersten kleinen Anzeichen körperlichen Zerfalls ein.«

Der beste Weg zur Gesundheit besteht daher ohne Zweifel in einer guten medizinischen Betreuung, im Vermeiden von Streß, in körperlicher Bewegung, vernünftigem Essen, regelmäßigen ärztlichen Routinekontrollen und ganz bestimmt in Liebe den Mitmenschen gegenüber und in der Überzeugung, gesund zu sein.

Die Zunahme von psychologischen und psychiatrischen Behandlungen und religiös-psychiatrischen Heilungszentren, wie etwa des Blanton Peale Institute in New York, belegen die Auswirkung, welche die geistige Haltung auf die Gesundheit hat.

Richten Sie Ihr Leben so ein, daß Sie jederzeit und unter allen Umständen in der Lage sind, Ruhe und Ihren Seelenfrieden zu bewahren. Nehmen Sie sich die Worte des weisen Marcus Aurelius zu Herzen: »Ich behaupte, daß innere Ruhe nichts anderes als richtige Ordnung im Geiste ist. Gib dir somit immer wieder diese Zuflucht und werde neu.«

– Erinnere dich an die heilende Kraft der Liebe und des Vergebens.

– Stelle den guten Willen über Haß und Groll.

– Ein gesunder Geist und gesundheitliche Vorsorge müssen Hand in Hand gehen.

10. Kapitel

Das Leben kann voller Freude sein

Wie schön ist es doch zu leben! Welch ein wundervoller Morgen! Noch nie fühlte ich mich besser. Ich werde einen prachtvollen Tag erleben.

Das alles mag ein wenig übertrieben klingen, doch es entspricht meinem Zustand, wie ich ihn heute morgen empfinde. Ich bin glücklich, ich fühle mich wohl, und ich mache mich bereit für einen Tag des Glücks und des Vergnügens. Ich wäre nicht erstaunt, wenn ich auf meinem Weg zur Arbeit wie ein Junge pfeifen würde.

Tatsächlich habe ich schon seit sehr langer Zeit niemanden mehr in einer Straße von New York pfeifen gehört. Diese Beobachtung stammt nicht nur von mir selbst, kürzlich sprach ich mit Bill Arthur, dem Verlagsleiter von »Look«. »Hast du je in der Madison-Avenue einen pfeifenden Spaziergänger angetroffen?« fragte er. Bill wuchs in Louisville in Kentucky auf, und er erinnerte sich an eine Zeit, da es die Menschen offensichtlich besser verstanden haben, sich ein zufriedenes und glückliches Leben zu bereiten.

Wo liegen die Gründe dafür? Was können wir tun, um den Wunsch, ein fröhliches Liedchen vor uns hin zu pfeifen, erneut in uns wachzurufen? Was können wir tun, um wieder die unverdorbene, natürliche Lebensfreude zu empfinden, die tief von innen kommt? Kürzlich erfuhr ich, daß ein sehr bekannter Psychiater an einem Programm arbeitet, welches er mit »positive geistige Gesundheit« bezeichnet. Wörtlich sagte er: »Wenn ich von meiner Arbeit heimkomme, begrüßt mich mein Hund mit dem deutlichen Ausdruck großer Freude. Welch ein Unterschied zu den bekümmerten und deprimierten menschlichen Gesichtern, die mir im Laufe des Tages begegnen. Dieses Tier besitzt das Geheimnis tiefer Freude. Auch wir sollten fähig sein, in dieser unbekümmerten natürlichen Art zu reagieren.«

Nun, ich will Ihnen nicht vorschlagen, daß wir vor lauter Freude wie ein Hund herumhüpfen sollen. Wir alle kennen Menschen, welche ihrer Begeisterung etwas allzu heftig Ausdruck geben und dadurch lächerlich auf uns wirken. Ich habe oft den Verdacht gehabt, daß solche Leute Glück nur vortäuschen. Doch wir kennen auch die seltenen und prachtvollen Menschen, welche noch fähig sind, eine tiefe Daseinsfreude zu empfinden. Und hier liegt auch der Schlüssel. Es handelt sich um ein Lebensglück, welches nicht an der Oberfläche zu finden ist, sondern das ein tief verwurzeltes Glücksgefühl ist und welches davon ausgeht, daß wir uns freuen, das sein zu dürfen und zu vollbringen, was das Leben und das Schicksal von uns verlangen. Wer solche Menschen beobachtet, ohne daß sie es wissen, wird oft feststellen, daß sie eine Melodie vor sich hin summen oder pfeifen.

Wiederholen wir: Ich fühle mich wirklich glücklich heute, und ich glaube, auch den Grund dieses Wohlbefindens zu kennen. Gestern nachmittag – es war ein prachtvoller Sonntag – machte ich mit meiner Frau Ruth und meiner jüngeren Tochter Lizzie einen Spaziergang. Wir gingen zusammen die Fifth Avenue entlang durch den Park, schritten kräftig aus und hielten unseren Kopf hoch. Es machte uns viel Spaß, so aufrecht und guten Mutes durch die Straßen zu gehen, und nachdem wir eine halbe Stunde kräftig ausgeschritten waren, empfanden wir alle ein dynamisches Gefühl der Lebensfreude. Wir kamen am Frank-Lloyd-Wright-Gebäude vorbei, passierten das Guggenheim-Museum, und Lizzie rief aus: »Ist das nicht ein prachtvolles Gebäude!« Ich muß gestehen, daß ich bisher noch nie den Eindruck hatte, es handle sich hier um ein besonders schönes Haus. Durch Lizzies Begeisterung jedoch wurde ich angesteckt und veranlaßt, das Gebäude etwas genauer anzusehen. Tatsächlich drückt es etwas von der Freude aus, die der große Architekt in seine Konstruktion hineingelegt hat. Die Architektur vermittelt eine Empfindung von Begeisterung und Kraft, und zum erstenmal begann ich, dieses Haus zu bewundern. Vielleicht lag das auch nur an meiner momentanen Stimmung. Doch hier liegt der springende Punkt. Wenn man sich wohl fühlt, wenn man fröhlich ist, wirkt sich dies auf alle Lebensgebiete aus, und man empfindet ein freundschaftliches positives Gefühl für seine Umwelt. Doktor Henry C. Link, der bekannte Psychologe, empfängt nie einen Patienten, der sich in einer depressiven Stimmung befindet. Vor der Behandlung schickt er ihn auf einen Spaziergang und rät ihm, mindestens zehnmal in raschem Tempo um den Häuserblock zu gehen.

Doktor Link sagt: »Diese Übung wird den Kreislauf anregen, das Blut wird sich in Bewegung setzen und die Gefühlszentren entlasten, und wenn Sie zurückkommen, werden Sie viel vernünftiger denken und bedeutend empfänglicher für die Behandlung und positive Gedanken sein.«

Tatsächlich hat unsere physische Verfassung sehr viel mit unserem Innenleben zu tun. Wer sich erfrischt und verjüngt, gewinnt eine andere Einstellung zum Dasein. Richtige Bewegung und wahre Entspannung sind wesentliche Grundlagen gesunden Empfindens. Kürzlich las ich, daß gewisse Ärzte mit ausgiebigen Schlafkuren bedeutende Erfolge bei überanstrengten und übermüdeten Menschen erzielten. Es ergab sich dadurch eine Regeneration der Organe und des Gewebes, die Spannung wich, und der Organismus erholte sich und gewann neue Vitalität und neue Lebenskraft.

Wenn wir also innerlich wirklich froh und glücklich sein wollen, müssen wir dafür sorgen, daß unser physischer Zustand in Ordnung ist. Unser Körper muß richtig gepflegt und behandelt werden, wenn unsere Gefühle in Ordnung sein sollen.

Der zweite Schritt aber besteht im rechten Denken. Auch unser Gedankenleben muß richtig geführt werden. Denken wir positiv! Der positive Denker entwickelt von selbst ein inneres Gefühl des Wohlbefindens. Er erwartet es – und er erreicht es. Was wir erwarten, wird eintreffen – das ist eines der Grundgesetze des Lebens. Fangen wir damit an, Freude und Glück zu erwarten, und wir werden es auch erreichen. So machten es auch zwei gute Freunde von mir. Elsy und

Otto Palmer, welche in Brooklyn leben. Sie schrieben mir: »Es ist nicht leicht, seinen innersten Gefühlen Ausdruck zu geben; doch seit wir gelernt haben, positiv zu denken, haben wir den Wunsch, es zu tun, und wir möchten Ihnen bestätigen, daß wir dadurch ein vollkommen neues Lebens- und Glücksgefühl gefunden und eine ganz andere Einstellung zu unserer Umwelt gewonnen haben.

Die praktische Anwendung Ihrer Lehren hat unser Leben tatsächlich revolutioniert. Obwohl wir beide religiös erzogen worden sind, haben wir bisher nie verstanden, wie wichtig und hilfreich es sein kann, wenn man die Religion ins tägliche Leben hineindrängt. Heute haben wir es uns zur festen Gewohnheit gemacht, von jedem Tag nur das Beste zu erwarten, und es ist auch stets eingetroffen. Mit einer Ausnahme: Der Grad unseres Glückes hängt davon ab, wieviel Vertrauen wir entwickeln. Alles hängt davon ab, wie ich empfinde. Wenn ich aufgeschlossen bin oder wenn ich zurückhaltend bin – meine Empfindungen entsprechen genau dem Grad meiner inneren Haltung.«

An diesem Brief gefällt mir besonders gut jener Teil, worin Elsy und Otto Palmer davon schreiben, daß sie jeden Tag etwas Gutes erwarten. Das ist tatsächlich die erste Bedingung für erfolgreiches positives Denken. Wer in die Zukunft blickt und an sie große Erwartungen stellt, gehört zu den Menschen, welche glücklicher sein werden. Kürzlich fuhr ich mit Doktor Arthur Judson Brown durch die Parc Avenue. Doktor Brown ist 101 Jahre alt, doch er besitzt den Geist und die Vitalität eines jungen Menschen. »Blicken Sie doch einmal um sich«, sagte er, »überall entstehen neue Gebäude. Ist es nicht wunderbar, zusehen zu dürfen, wie alles Leben sich ständig verändert und wächst!«

So denken sonst nur junge Menschen. Ich fragte Doktor Brown, was er von der heutigen modernen Jugend halte. »Ich danke Gott für sie«, sagte er, »mir gefallen sie ausgezeichnet, denn sie sind klüger und besser, als ich es war in ihrem Alter. Sie werden eine neue Welt heranbilden, etwas ganz Neues ist im Aufbruch, und ich sehe es auf uns zukommen.«

Ist es nicht erstaunlich, wenn ein Mensch mit 101 Jahren noch so positiv in die Zukunft blickt? Ich entschuldigte mich bei Doktor Brown, weil ich ihn so spät noch aufgehalten hatte, denn es war bereits elf Uhr abends, und ich dachte, er würde normalerweise um diese Zeit im Bett sein. »Oh, keineswegs«, sagte er, »ich bleibe oft bis Mitternacht auf, doch ich werde mich morgen ausruhen. Ich habe seit langem gelernt, mich nicht zu überanstrengen. Ihr Jungen solltet dies auch lernen. Morgen werde ich aufstehen, gemütlich frühstücken und meine Zeitungen lesen, und wenn ich meinen Namen nicht unter den Todesanzeigen finde, werde ich wieder zu Bett gehen und mich nochmals ausruhen.« Ob jemand glücklich oder unglücklich ist, entscheidet sich in seinem Innern. Marc Aurel sagte: »Niemand kann glücklich sein, wenn er keine Gedanken der Zufriedenheit und des Glückes pflegt.«

Wenn Sie sich also unglücklich fühlen, können Sie dieses Empfinden umwandeln, wenn Sie beginnen, konstruktiv und aufbauend zu denken. So lange Ihre Gedanken mit Ablehnung, Haß, Egoismus angefüllt sind, kann das Licht der Freude unmöglich Einzug halten. Sie müssen Ihr Geistesleben umstellen, Mut und Zuversicht entwickeln, und Sie werden das Leben ganz anders empfinden.

Ein Leser, den ich seit Jahren kenne, war ursprünglich jemand, den ich als »miserablen Freund« bezeichnen möchte. Darunter verstehe ich keineswegs einen schlechten Freund, sondern jemanden, der alle Welt, die mit ihm zusammentrifft, unglücklich macht, weil er selber unglücklich ist. Wer mit ihm zusammentraf, wurde selbst in der besten Stimmung von seinem Pessimismus angesteckt. Ich verlor ihn später während Jahren aus den Augen und traf ihn dann unverhofft wieder. Er war so verändert, daß man tatsächlich von seiner Wiedergeburt sprechen konnte. Ein vollkommen neuer Mensch war entstanden, und seine Veränderung beeindruckte mich so stark, daß ich ihn fragte, wie er sie zustande gebracht habe.

»Ich habe mir eine Sieben-Tage-Diät verschrieben«, antwortete er. Er erzählte mir, daß er eine Schrift von Emmet Fox in die Hände bekommen habe, die ich meinen Lesern empfohlen hatte. Diese Publikation trägt den Titel »Eine geistige Sieben-Tage-Diät«. Ausgehend von der Tatsache, daß die Amerikaner in der Regel in Ernährungs- und Diätfragen sehr aufgeschlossen sind, legte Doktor Fox seinen Lesern nahe, auch eine geistige Diät einzuhalten. Er betonte dabei, daß ein Mensch das wird, was er denkt.

Und aus was besteht diese Sieben-Tage-Diät? Sie besteht in dem Entschluß, von einem bestimmten Augenblick an seine Worte strikt zu überwachen. Sie müssen sich vornehmen und sich daran halten, sieben Tage lang nicht ein einziges böses, unehrliches oder abschätziges Wort zu sprechen. Sie müssen sich ferner von jeder negativen Äußerung freihalten.

Das nun ist keine leichte Sache. Ein Freund sagte mir: »Ich versuchte es einen einzigen Tag und scheiterte; ich versuche es erneut, und diesmal ging es zwei Tage, bis ich wieder in meine alten schlechten Gewohnheiten zurückfiel. Ich unternahm einen neuen Versuch, scheiterte wieder und begann von neuem.« Das aber ist der übliche Weg des Menschen, wenn er etwas unternehmen will. »Ich bat Gott, mir beizustehen, denn es war mir klar, daß ich mich selber ändern mußte! Schließlich hatte ich während einer vollen Woche Erfolg bei meinem Bemühen. Nicht ein einziges Mal machte ich in den sieben Tagen einen Fehler. Ich dachte, nun würde ich erneut in meine alten Gewohnheiten zurückfallen, doch ich mußte feststellen, daß sich in mir etwas geändert hatte. Tatsächlich konnte ich nicht mehr zurückfallen. Ich hatte mich verändert, nicht vollständig verändert natürlich, doch ich war nicht mehr derselbe Mensch. Das Leben hat für mich einen neuen Inhalt gewonnen, mein Denken ist frei geworden von negativen Empfindungen, das Leben macht mir viel mehr Freude.«

Auch das ist eines der vielen Beispiele über die Erfolge positiven Denkens, wie sie meine Leser immer wieder erleben und mir davon berichten.

Die beiden wichtigsten Augenblicke des Tages sind erstens der Morgen, wenn wir erwachen, und zweitens der Abend, wenn wir uns zur Ruhe niederlegen. Hier sind die beiden Angelpunkte unseres Tagesbewußtseins. Wenn sie erfüllt werden mit positiven, freudvollen und mutigen Gedanken, wird auch der

Tag entsprechend verlaufen. Elbert Hubbart sagte: »Sei guter Laune bis zehn Uhr morgens, und der Rest des Tages wird von selbst gut ablaufen.«

Henry David Thoreau pflegte jeden Morgen zuerst sich selbst gute Nachrichten zu überbringen. Er sagte sich, wie glücklich er sei, geboren worden zu sein. Wäre er nie geboren worden, hätte er nie das Leuchten der Sterne gekannt, nie hätte er den Geruch eines Holzfeuers in der Nase gespürt, noch Liebe in der Menschen Blick leuchten sehen. Jeden Tag begann er mit einer Danksagung. Mein alter Freund aus Gymnasiumstagen, J. S. Sayer, Präsident der Norge Corporation, schaut jeden Tag, wenn er aufgestanden ist, in den Spiegel und spricht: »Ich werde heute gute Dinge vollbringen.« Und wenn er manchmal Gefahr läuft, mutlos zu werden, läßt er alles liegen und denkt zurück an einige der glücklichsten Ereignisse in seinem Leben. Dann erwacht sein Mut von neuem. Während der vierzig Jahre, da ich ihn kannte, sah ich ihn nie anders als Optimismus und Freude ausstrahlend. Ein vortreffliches Mittel zum Einschlafen wird von J. Harvey Howells in der Zeitschrift »This Week« empfohlen. »Wenn das letzte ›Gute Nacht‹ gesprochen ist und der Kopf auf dem Kissen ruht, ist die Seele ganz allein mit ihren Gedanken. Das ist der Augenblick, in dem ich mich frage: ›Welches war das erfreulichste Erlebnis, das ich heute hatte?‹ Dies bewirkt nicht nur eine Stimmung, welche einen tiefen und friedlichen Schlummer herbeiführt, sondern erzeugt darüber hinaus eine Geistesverfassung, die uns dem kommenden Tag mit Freude entgegensehen läßt.

Dieses erfreulichste mag vielleicht nur ein kleines Erlebnis sein, wie der Duft einer Blume, das goldene Sonnenlicht, wie es durch dunkle Wolken bricht, eine kleine Aufmerksamkeit, der Bruchteil einer Melodie. Dieses gedankliche Suchen nach dem erfreulichsten Ereignis des Tages stellt sich als ein erquickendes Abenteuer auf der Grenze zwischen Wachen und Einschlafen heraus.« Auch Emerson pflegte seinen Tag auf wunderbare Weise zu beenden. Er achtete darauf, daß er auch wirklich vollständig abgeschlossen war. »Beende jeden Tag, und mache einen Strich darunter«, riet er. »Sie taten, was Sie konnten. Gewiß schlichen sich Irrtümer und Albernheiten ein; vergessen Sie sie so schnell als möglich. Morgen ist ein neuer Tag, beginnen Sie ihn gut und ausgeglichen und mit so frohem Gemüt, daß Sie die Erinnerung an vergangenen Unsinn nicht mehr belästigen kann.«

Er schloß die Tür hinter dem Tag zu und – vergaß ihn. Er glich darin Lloyd George, der eines Tages mit seinem Freunde spazieren ging und jedes Tor hinter sich schloß. »Sie brauchen diese Tore nicht zu schließen«, sprach der Freund.

»Oh, doch«, erwiderte Lloyd George. »Ich habe mein ganzes Leben damit zugebracht, Tore hinter mir zu schließen. Es ist notwendig. Sie schließen das Tor hinter sich zu, und – draußen bleibt die Vergangenheit. Dann können Sie von vorne anfangen.« Um ein positiver, lebensfroher Mensch zu werden, ist es von großer Wichtigkeit, Irrtümer, Sünden, Fehler aufzuklären, sie dann zu vergessen und weiterzugehen.

Leute, denen das Leben mit Christus zu einem persönlichen Erlebnis geworden ist, entwickeln auch ein ganz natürliches Verhältnis zu religiösen Dingen. Mein Freund Floyd McElroy zum Beispiel gehört zu ihnen. Er und seine Frau Edith luden uns mit einigen ihrer Freunde zum Essen in ihre Wohnung an der Fifth Avenue ein, von wo aus man den Central Park übersehen kann. Als wir uns zum Essen hinsetzten, sprach er das Dankgebet selbst. Daß er das tat, gefiel mir. Er gab selbst den Segen, und ich glaube, daß es einer der besten war, die ich je gehört habe. Floyd sprach in seiner bescheidenen und ungezierten Art: »Herr, wir danken dir auch im Namen unserer Freunde und sind glücklich, daß sie heute abend bei uns weilen. Du bist so gut zu jedem von uns gewesen, und wir sind des Dankes voll. Schenke uns nun einen heiteren und freundlichen Abend in Jesu Namen. Amen.« Diese Art von Religion ist meiner Ansicht nach die richtige und sollte einen breiten Raum des Lebens ausmachen. Warum wohl bestehen so viele Leute darauf, aus der Religion etwas Gestelztes und Unnatürliches zu machen und ein kummervolles Gesicht aufzusetzen, wenn von ihr die Rede ist? Wenn sie einmal das richtige Verhältnis zu ihr gefunden haben, können sie kaum an sich halten vor lauter Glück. Es ist, als ob sie der Sonne entgegengingen.

Ein wichtiger Grundsatz zur Führung eines glücklichen Lebens besteht darin, das Beste an den Menschen zu lieben und zu schätzen. Mein Vater lehrte mich die große Wahrheit, daß es äußerst wichtig sei für das eigene Glück, wie man über die Leute denke, wie man sie behandle und auf sie reagiere. »Behandle jeden Menschen als ein Kind Gottes, das ist das Geheimnis«, sagte er. »Schätze ihn, und das wird sowohl ihn als auch dich selbst glücklich machen.«

An einem Weihnachtsabend, ich war damals noch sehr jung, besorgte ich mit meinem Vater die letzten Weihnachtseinkäufe. Mein Vater besaß ein Herz voller Liebe, wie ich es noch bei niemandem sonst kennengelernt habe. Für ihn gab es keinen Unterschied zwischen den Menschen; er liebte sie alle und unterhielt sich mit ihnen. Er beurteilte sie nie nach dem äußeren Schein, sah nicht, was sie zu sein schienen, sondern das, was sie wirklich waren.

Damals also war ich beladen mit Paketen und fühlte mich müde und gereizt. Ich dachte gerade daran, wie schön es jetzt wäre heimzukehren, als ein Bettler, ein unrasierter, dreckiger Alter mit Triefaugen, auf mich zukam, meine Hände berührte und mich um etwas Geld bat. Ich zog mich schnell von seinen schmutzigen Händen zurück und schob ihn ziemlich ungeduldig beiseite.

»Du solltest einen Mann nicht auf diese Weise behandeln, Norman«, sagte mein Vater, sobald wir außer Hörweite waren.

»Aber, Papa, das ist doch ein Taugenichts!«

»Taugenichts?« sagte er. »Er war ein Kind Gottes, mein Junge. Mag sein, daß er nicht das Beste aus sich selbst gemacht hat, aber er ist trotzdem ein Kind Gottes. Wir müssen immer mit Achtung auf die Menschen blicken. Und nun möchte ich, daß du zu ihm gehst und ihm das hier gibst.«

Mein Vater zog seine Brieftasche heraus und gab mir einen Dollar. Das war ziemlich viel Geld für seine Verhältnisse. »Und tu genau das, was ich dir sage.

Geh zu ihm hin, gib ihm diesen Dollar und sprich respektvoll mit ihm. Sage ihm, daß du ihm diesen Dollar im Namen Christi gibst.«

»Oh«, widersprach ich, »das mag ich aber nicht sagen.« Mein Vater jedoch beharrte darauf. »Geh und tu, was ich dich heiße.« Ich lief also hinter dem alten Mann her, hielt ihn an und sagte: »Entschuldigen Sie, mein Herr, ich gebe Ihnen diesen Dollar in Christi Namen.«

Der alte Mann starrte mich zuerst ganz entgeistert an. Dann verklärte ein wundervolles Lächeln sein Gesicht, ein Lächeln, das mich ganz vergessen ließ, daß er schmutzig und unrasiert war. Ich konnte plötzlich sein wahres Antlitz unter der Schmutzschicht sehen. Fast weltmännisch, mit einer kleinen Verbeugung, sprach er: »Ich danke Ihnen, junger Herr, in Christi Namen.«

Meine Gereiztheit und schlechte Stimmung verflogen wie durch Zauberei. Plötzlich war ich glücklich – sehr glücklich. Selbst die Straße schien schöner geworden zu sein. In der Tat glaube ich, daß von dem Augenblick an, in dem ich diesen Mann voll und ganz achtete, Christus selbst mir ganz nahe kam. Und dies ist gewiß das schönste Erlebnis, das ein Mensch überhaupt haben kann. Seitdem habe ich mir redliche Mühe gegeben, die Menschen so zu sehen, wie mein Vater sie sah. Und das hat mir unsagbare Genugtuung verschafft. Ich bin öfters an den Ort zurückgekehrt, wo dieser Zwischenfall sich ereignete, auf der Fourth Street, Cincinnati.

Geben ist eine besondere Quelle der Freude. Das kann geradesogut Geld wie Zeit oder Rat geben bedeuten, irgend etwas, das Sie aus sich selbst heraus-holen, um es hilfsbereit an andere weiterzugeben. Es ist ein merkwürdiger, aber dennoch wahrer Grund-satz, daß diejenigen, welche am meisten geben, den größten Teil davon selbst erhalten.

Ich denke da an einen jungen Mann zurück, der ehrgeizig war und zu Geld kommen wollte. Es ist nichts Unrechtes an einem solchen Ziel, solange gleichzeitig Dienste geleistet werden. Für seine Arbeit opferte er alles, was er hatte, und noch einiges mehr. Natürlich war er selbstsüchtig, aber er wollte sich eben eine Position erarbeiten und konzentrierte sich so fast ausschließlich auf sich selbst.

Er las alles, was mit Selbstbildung zu tun hatte. So kam es, daß er auch das Buch »Die Kraft positiven Den-kens« kaufte. »Es war genau das, was ich brauchte«, sagte er. Er setzte die Grundsätze des positiven Den-kens in die Tat um, obwohl ein materialistischer Zug in seiner Auffassung mitspielte! Aber er schaffte es, und das Resultat war, daß er »wie mit einem Satz zur höch-sten Stufe hinaufsprang«, wie seine zwar bildhaften, aber keineswegs bescheidenen Worte lauteten.

Bald jedoch begannen sich Spannungs- und Angst-zustände bei ihm zu zeigen; die ersten entstanden durch Überanstrengung, die anderen aus Furcht, das eingeschlagene strenge Tempo, das er sich aufge-zwungen hatte, nicht durchhalten zu können. Dann entwickelte er eine jener pathetischen Reaktionen, die sich schon so oft bei denen eingestellt haben, die rasch »vorwärts kommen«.

Solchen Männern macht es großen Spaß, dem Ziel entgegenzustreben; aber wenn sie es einmal erreicht haben, stellt sich heraus, daß viel weniger Freude damit verbunden ist, als sie sich vorgestellt hatten. Jeder Gipfel kann sich als ein Wahn entpuppen, wenn man nur daran interessiert war, auf eben diesem Gipfel zu stehen.

»Warum habe ich keine Freude mehr am Leben?« fragte mich der Mann. »Ich habe den höchsten Punkt durch positives Denken erreicht und, wie Sie sehen, bin ich noch keine vierzig Jahre alt. Was ist denn nur mit mir? Bin ich etwa schon verbraucht?«

Wir suchten dann die Ursachen seiner Depressionen herauszufinden. Zuerst begannen wir damit, nach seinen Interessen oder nach dem Mangel an Interesse an Dingen zu suchen, die ihm »nichts eintragen könnten«.

»Sie geben nie jemanden etwas, außer Ihrer Familie – dieser aber geben Sie alles«, stellte ich fest.

Er gab der Gemeinschaft gerade so viel wie nötig. Nicht, daß er geizig gewesen wäre. Diese Zurückhaltung war eher ein Überbleibsel seiner von Unsicherheitsgefühlen erfüllten Jahre, da er als armer Junge auszog, um seinen Weg zu machen. Seine Zeit und seine Gedanken auch andern zuzuwenden, kam ihm in Anbetracht seiner eigenen Probleme gar nicht in den Sinn.

»Kein Wunder, daß es in Ihrem Leben an Freuden fehlt«, sagte ich. »Sie müssen aus sich selbst herausgehen. Sie haben das Schöpferische zum Stillstand gebracht. Sie sind auf dem besten Wege unterzugehen, weil alles hinein kam und nichts heraus. Sie gleichen dem Toten Meere, das Wasser hinein- aber keines herausläßt – und das bedeutet geistigen Stillstand.«

Es war nicht so schlimm, wie es klingen mag. Die Tatsache, daß er mit dem eingeschlagenen Weg unzufrieden war und bereit, offen darüber zu diskutieren, demütig um Führung bittend, bewies seine Bereitschaft zur Umkehr.

Also lenkten wir seine Gedanken auf das Niveau positiven Denkens. Diese Anregung war dazu bestimmt, ihn zu entspannen und auf den rechten Weg zu bringen. Und es gelang.

1. Er mußte sich dazu entschließen, 10 Prozent seines Einkommens für gute Werke auszugeben.

2. Er mußte Umschau halten nach jemanden außer seiner Familie und seinem Freundeskreis, der Hilfe benötigte, jemand, der nie in der Lage sein würde, es jemals zurückzuerstatten. Diese Hilfe mochte finanzieller Art sein oder auch in gutem Rat oder sogar nur aus freundlichem Interesse bestehen.

3. Er mußte so lange aufhören in ewiger Eile zu sein, bis er endlich Zeit gefunden hatte, sich mit andern zu beschäftigen – ein paar freundliche Worte mit Leuten zu wechseln, die an seinem täglichen Leben teilhatten: mit dem Kellner, dem Polizisten an der Ecke, dem Zeitungsverkäufer und insbesondere mit seiner Frau und seinen Kindern.

»Ach, das sieht mir ja ganz nach einer zeitraubenden Betätigung aus«, beklagte er sich.

»Gewiß«, sagte ich, »das ist es auch. Sie müssen das Geben lernen; nicht nur Geld und guten Willen, sondern auch Zeit, damit andere etwas davon haben. Der geistige Gewinn, den Sie daraus ziehen werden, wird die Mühe reichlich lohnen. Wenn Sie nach diesem Plan handeln, werden Sie Ihren früheren Sinn für Humor wieder erlangen. Es gibt hier nur ein Entweder-Oder, tu es, oder laß es bleiben.« Ich aber kannte meinen Mann, ich wußte, daß er es nicht bleiben lassen würde. Er würde sich der Angelegenheit, die etwas von einem Gegengeschäft an sich hatte, annehmen, wenn er zur Überzeugung käme, daß sie auf gesunder Basis beruhte. Und das tat sie.

Um diese typische Geschichte, welche sich über mehrere Monate hinzog, kurz zusammenzufassen: Er befolgte das Programm und erlangte wieder die Fähigkeit, Freude in sein Leben zu bringen. Er wurde ein tatkräftiges Mitglied im Gemeinschaftsleben. Außerdem verschwanden Spannungen und Angstgefühle. Vielleicht vermied er auf diese Weise sogar eine Herzattacke.

Ein weiterer Bestandteil des Gesetzes der Lebensfreude besteht darin, es als eine feste Tatsache zu betrachten, daß man imstande ist, den Nöten, Sorgen und schwierigen Situationen zu begegnen und ihrer Herr zu werden. Diese Art von Glück ist grenzenlos. Das ist die tiefe Freude, von der wir vorhin sprachen.

Es kann bei Ihnen ein Unglück nach dem andern geschehen und das Leben buchstäblich in Ihnen auslöschen. Dieser Ausdruck ist realistisch, das Leben ist tatsächlich in Ihnen ausgelöscht worden. Ein Schlag nach dem andern kann Sie treffen und regelrecht schachmatt setzen und jeden Lebensmut in Ihnen verkümmern lassen. Schließlich können Sie sich so geschlagen fühlen, daß Sie sich durch das Leben hindurchwinden, statt es aufrecht, mutig und kraftvoll durchzufechten und die Dinge so zu nehmen, wie sie sind, und sie mit Geschicklichkeit und Stärke zu überwinden. Für den, der sich durchs Leben windet, gibt es keine Freude. Die Geschlagenen fühlen sich immer unglücklich. Diejenigen aber, die im tiefsten Innern ihres Herzens wissen, daß sie zu jedem Kampf kleinerer oder größerer Art mit gleichwertigen Waffen antreten können, gehören zu denen, die ihren Anteil an Freude und Befriedigung aus dem Leben herausholen können.

Ein Mann sagte in einem Flugzeug: »Ich bin ein lebendiges Beispiel für die Macht des positiven Denkens. Ich sage das nicht aus Ruhmsucht, sondern weil ich dadurch so viel Gutes für mich erreicht habe. Ich war der schlimmste sich selbst zugrunde richtende Mensch der Welt. Alle andern machte ich für meine Fehlschläge verantwortlich – selbst die Regierung.«

Dann beschrieb er eine Reihe von Niederlagen und Enttäuschungen, die genügt hätten, jeden Mann unterzukriegen. »Zuerst verwarf ich das positive Denken, weil Sie es mit Gott vermengten und ich für diese positive Denkart nichts übrig hatte. Ich arbeitete nur das psychologische Element heraus und ließ den Glauben beiseite. Mit den psychologischen Ausführungen ging ich zwar einig, blieb aber trotzdem unbefriedigt. Vielleicht war ich ganz einfach zu negativ eingestellt. Aber es fiel mir auf, daß Sie Ihren Lesern immer wieder dazu rieten, die Bibel zu lesen und sie für die Lösung ihrer Probleme heranzuziehen. Offen gestanden hatte ich seit Jahren keine Bibel mehr aufgeschlagen. Schließlich begann ich dann doch in ihr zu lesen. Am Anfang konnte ich nichts damit anfangen und wunderte mich darüber, daß Sie so darauf versessen waren. Deshalb beschränkte ich mich darauf, Ihrem Hinweis auf gewisse Stellen darin zu folgen. Ich versuchte wirklich, auf Ihre Anregungen einzugehen.

Dann las ich den 84. Psalm, und der 11. Vers beeindruckte mich tief: ›Demjenigen, der aufrecht wandelt, wird kein gutes Ding vorenthalten sein.‹ Aufrecht wandeln! Was sollte das bedeuten? Nun, es war nicht schwer festzustellen, daß ich mich wie ein Wurm über die Erde wand. Ich sollte aufstehen wie ein Mann und endlich aufhören, mich selbst zu bemitleiden und mir Kummer zu machen. Aufrecht – das war das richtige Wort! Mich behaupten – das war es, was ich zu tun hatte! Und es überkam mich die Zuversicht, daß Gott mir kein gutes Ding vorenthalten würde, wenn mein Handeln diesen Grundsätzen entspräche. So begann ich denn so aufrecht und guter Dinge zu wandeln, wie es mir möglich war, und den Rücken nicht zu krümmen, wie ich es bislang getan hatte. Ich beschloß, mit Gottes Hilfe einige Dinge in Ordnung zu bringen.

Nun begreife ich, warum Sie Religion und psychologische Erkenntnisse miteinander verbinden. Erst der Glaube bringt die Sache in Schwung und setzt das Tüpfelchen aufs i!«

Das ist wirklich eine Ansicht, an die auch Sie sich halten sollten, oder noch besser, der Sie erlauben sollten, sich in Ihnen festzusetzen, von Ihnen Besitz zu ergreifen. »Kein gutes Ding wird dem vorenthalten bleiben, der da aufrecht wandelt.« Die geistige Grundhaltung, die diesem Satz innewohnt, gab dem Mann neue Freude mit auf den Lebensweg.

Aber wie steht es mit Kummer und Sorge? Ein überzeugender Mensch, der das positive Denken in die Tat umsetzte und es fertigbrachte, aus der Sorge heraus zu einer beachtlichen Lebensfreude zu gelangen, ist Frau Anna Scherer in der Schweiz. Ich traf Herrn und Frau Scherer vor einigen Jahren im »Beau Rivage Palace Hotel« in Lausanne, dessen Verwalter sie waren. Einige Monate später starb Herr Scherer ganz plötzlich. Frau Scherer arbeitete weiter im gleichen Hotel als Angestellte unter dem neuen Direktor. Als ich kürzlich wieder nach Lausanne kam, war es offensichtlich, daß Frau Scherer in ihrer bescheidenen Art einen Weg gefunden hatte, ganz gut mit ihren neuen Problemen fertig zu werden. Sie hatte eine heitere und gelassene Geisteshaltung erworben, welche offenbar einer tiefen Kraftquelle entsprang.

»Ich bewundere den Mut, mit dem Sie es zustande gebracht haben, diese traurige Zeit mit überlegenem Geist durchzustehen«, sagte ich. »Sie handelten richtig, als Sie wieder an die Arbeit gingen und sich weiter betätigten.«

Darauf gab Frau Scherer folgende Antwort: »In Wirklichkeit war es nicht die Tatsache, daß ich mich wieder an die Arbeit machte, die das zuwege brachte, denn sehen Sie, Arbeit ist keine Medizin, sondern eine Droge. Sie betäubt den Schmerz, heilt jedoch nicht. Nur der Glaube kann heilen.« Diese Einsicht ist klassisch. Arbeit betäubt, aber heilt nicht. Wenn wir an einer tiefen emotionellen Wunde leiden, können wir natürlich nicht glücklich sein, ehe diese Wunde verheilt ist. Einige unter uns begehen den Fehler zu glauben, daß wir diese Wunde mit Arbeit, vielleicht aber auch mit Zerstreuung und Spiel heilen können. Oder sie suchen Vergessen im Alkohol. Aber wie Frau Scherer dazu bemerkte, bewirken diese Anstrengungen höchstens, daß die Wunde eine Weile nicht mehr schmerzt. Aber sie heilt nicht. Erst wenn jemand gelernt hat, den Glauben in der Tiefe anzusetzen, kann ein wirklicher Heilungsprozeß beginnen.

Ein Mann aus dem Westen pflegte dann und wann geschäftehalber nach New York zu kommen und mich telefonisch zu kontaktieren. Er war innerlich tief verletzt, und seine Stimmung war unverändert niedergeschlagen, seine Gedanken traurig und ein wenig zynisch. Diese negative Reaktion auf Sorgen bestand schon mehrere Jahre. Dann, ganz plötzlich, schrieb er mir einen zehn Seiten langen Brief. Ich ließ ihn einige Zeit auf meinem Schreibtisch liegen, ehe ich daran ging, ihn zu lesen. Aber ich kam ins Lesen und war aufs höchste erstaunt: Der Brief war voller Freude und Hoffnung. Hier war das überwältigende Zeugnis eines Mannes, der endlich zu sich selbst gefunden hatte und mir erzählte, wie glücklich er nun sei.

Was war geschehen? Nun, dieser Mann sah schließlich ein, daß er mit seiner negativen Haltung auf dem falschen Wege war, und er kam zu dem Entschluß, positives Denken zu lernen und zu versuchen, es bei seinen Problemen anzuwenden. Er sagte: »Ich habe einige Richtlinien ausgearbeitet, die Sie in Ihrem Buch nicht angeführt haben, und sie haben sich prachtvoll bewährt. Vielleicht möchten Sie diese auch andern übermitteln.«

Das tue ich hiermit gern, denn diese Gedanken sind gesund. Ich leite sie weiter, gerade so wie ich sie von ihm erhalten habe.

Das »Fünf-Punkte-Programm« des Mannes lautet:

1. Ich bete öfter am Tag. Allerdings sind es nur Bruchteile von Gebeten, die ich spreche, während ich spazierengehe, im Auto fahre oder an meinem Schreibtisch sitze. Ich garantiere, daß jemand, der täglich öfters betet, die Art seiner Gedanken und sein ganzes Leben ändern wird. Vielleicht ist es das, was die Bibel meint, wenn sie uns vom »Beten ohne Unterlaß« spricht.

2. Ich durchtränke meinen Geist mit Bibelworten. Es mögen wohl an die zweihundert Texte sein, die ich bis heute in mir aufgenommen habe. Ich lese sie durch und denke wieder und wieder darüber nach, bis sie in mein Unterbewußtsein eingedrungen sind.

3. Ich nehme ein Stück Papier zur Hand und überlege, wie viele gute Gedanken ich niederschreiben kann über Menschen, die ich kenne, und auch über Situationen. Das war das schwerste von allem, weil ich an vielen Leuten eine ganze Menge auszusetzen hatte. Und was die Umstände betrifft, so bin ich ihnen gegenüber immer negativ und pessimistisch eingestellt gewesen. Aber ich fand heraus, daß wir unglücklich werden, wenn wir herabsetzenden und kleinlichen Gedanken über andere Raum geben. Hingegen werden wir ganz und gar glücklich, wenn wir freundliche Gedanken pflegen. Und wenn wir uns selbst dazu anhalten, dessen gewiß zu sein, daß alles gut werden wird, so macht uns

das ebenfalls glücklich. Diese Art zu denken bringt oft die Umstände dazu, sich so zu wenden, wie wir es brauchen.

4. Ich bemühe mich, Gott jeden Tag viele Male zu sagen, wie sehr ich ihn liebe. Die Empfindung dieser Liebe zu Gott hat eine unbestreitbare Wirkung auf uns. Es gab eine Zeit, da hätte ich so etwas ins Lächerliche gezogen, aber jetzt tue ich das nicht mehr. Je mehr ich Gott meine Liebe ausdrücke, desto glücklicher werde ich.

5. Ich versuche, jede Sünde aus meinem Leben zu bannen. Das ist eine schwere Aufgabe, aber schon die Anstrengung allein bewirkt in mir ein sauberes und glückliches Gefühl.

Wie ich schon sagte, versuchte ich das Programm dieses Mannes bei vielen Leuten anzubringen, und da, wo diese wirklich daran arbeiteten, zeigte es sich auch wirksam. Ich glaube, daß diese geistige Formel weithin dazu beitragen wird, jedermann vom Unglücklichsein zu befreien. Wer will mit Freude leben? Wer will sich so fühlen, daß die Lust ihn überkommt zu pfeifen, in der Madison Avenue oder auf irgendeiner andern Straße der Welt? Beten Sie viele Male im Tag. Durchtränken Sie Ihren Geist mit Gedanken aus der Bibel. Sehen Sie zu, daß Sie viele gute Gedanken über die Leute in sich tragen. Sagen Sie Gott, daß Sie ihn lieben. Bannen Sie schlechtes Denken und Handeln aus Ihrem Leben. Es ist nicht leicht. Es braucht Selbstdisziplin dazu. Aber es ist wirklich nicht nötig, daß

Sie unglücklich sind. Versuchen Sie, geistig zu leben, versuchen Sie es wirklich! Sie werden von selbst darauf kommen, daß es eine ganze Menge Freude in Ihrem Leben gibt.

Norman Vincent Peale – ein Leben

Dr. Norman Vincent Peale wurde 1898 in Bowersville, Ohio (USA), als Sohn einer methodistischen Pastorenfamilie geboren. Peale wuchs in ärmlichen ländlichen Verhältnissen auf und verbrachte eine behütete und fröhliche Jugendzeit. Ab 1916 Studium der Theologie an der Ohio Wesleyan University und an der Boston University. 1922 Pastorenweihe, Prediger an der Methodistenkirche in Berkeley, Rhode Island. Studienabschluß 1924 in Boston (Master of Arts; Bachelor of Sacred Theology). 1924–1927 Pastor an Methodistenkirchen in Brooklyn und Syracuse, dazwischen Gastprediger in Los Angeles. 1930 Heirat mir Ruth Stafford in Syracuse. Seite 1932 bis zu seinem Tod ist Peale Pfarrer an der reformierten Marble Collegiate Church, New York, einer der ältesten Kirchen Amerikas, die er zu neuer Blüte führt.

In New York Geburt seiner drei Kinder. 1933 bis 1983 bestreitet Peale wöchentlich eine eigene Radiosendung, die ihn landesweit bekannt machen sollte. Ausgedehnte Vortragstätigkeit, der er bis kurz vor seinem

Tod nachgeht, führt ihn um die halbe Welt. Aus bescheidenen Anfängen entwickelt er die Zeitschrift »Guideposts«, die heute eine Millionenauflage aufweist.

Sein erstes Buch, »Die Kraft positiven Denkens«, wird Peale weltberühmt machen – der Titel ist zum geflügelten Wort geworden. Er schreibt sein Buch im Winter 1948/49 und schickt das Manuskript an einen Verlag – keine Antwort. Nach Wochen erhält er es mit einem Formbrief zurück. Über zwanzig weitere Absagen folgen. Endlich, im Oktober 1952, erscheint es im renommierten Verlag Prentice Hall. »The Power of Positive Thinking« erobert die Bestsellerliste der »New York Times« im Sturm und hält sich 186 Wochen lang auf Platz 1 – damals ein einsamer Rekord. Wenige Monate später, im Herbst 1953 erscheint bereits die deutschsprachige Ausgabe (Oesch Verlag, Zürich). Mittlerweile ist das zeitlose Werk in zahllose Sprachen übersetzt, die Weltauflage dürfte zwanzig Millionen Exemplare überschreiten. Rund dreißig weitere Bücher folgen, die alle zu großen Erfolgen werden.

1984 wird Norman Vincent Peale für sein Gesamtschaffen von Präsident Ronald Reagan die amerikanische Freiheitsmedaille verliehen, die höchste Auszeichnung, die ein Amerikaner erwerben kann.

Mit seiner Frau Ruth wohnt Dr. Peale weiter in New York, predigt an seiner geliebten Marble Collegiate Church, unternimmt Vortragsreisen und schreibt. Er lebt seinem Credo, das er Millionen von Menschen in aller Welt vermittelt hat: seinem Glauben an das Gute im Menschen.

Norman Vincent Peale stirbt an Heiligabend 1993 im hohen Alter von 95 Jahren an Herzversagen. Die ganze Welt trauert um einen großen und gütigen Menschen.

Band 66328

Norman Vincent Peale
Leben kann Freude sein

»Im gleichen Ausmaß, wie Sie Freude verbreiten, werden Sie auch Freude empfangen. Dies beruht auf dem Gesetz des Ausgleichs von Saat und Ernte. Freude wächst, indem man sie auch anderen vermittelt, sie nimmt ab, wenn man sie für sich allein behält. Tatsache ist, daß wer Freude nicht weitergibt, schließlich selbst ohne Freude bleibt.

Der Mensch kann in sich selbst die Quelle der Freude entdecken, aus der er mehr Freude schöpfen kann, als er sich je vorstellen könnte.«

In sieben Kapiteln zeigt Norman Vincent Peale dem Leser den Weg zur Freude und zur inneren Harmonie. Er vertritt dabei nicht irgendeine trockene Philosophie, sondern er verbindet die Erkenntnisse der Wissenschaft mit den Lebensgesetzen des Glaubens und des Vertrauens.